KLARTEXT

Bildnachweis:
Adobe Stock: ©creativemariolorek: 27; ©Oleksii: 104/105; Die Ärzte: 12, 15; Imago Images: Allstar: 9, 10, blickwinkel: 26, BRIGANI-ART: 8, 44/45, Chai v.d. Laage: 70, Eventpress: 92, Jan Becker: 18, Kai Horstmann: 53 unten, Matthias Koch: 39, PETA: 16, POP-EYE: 55, 73, United Archives: 111, VIADATA: 51; ©Jörg Steinmetz/Die Ärzte: 7, 21, 119; ©Olaf Heine/Die Ärzte: 82; ©Paul Gärtner: 79, 85; picture alliance: 47, 48, dpa/Björn Steinz: 80/81, dpa/Bodo Marks: 13, dpa/Katja Lenz: 74/75, dpa/Laszlo Beliczay: 19, 56/57, dpa/Markus Brandt: 86, dpa/Markus Scholz: 59, dpa/Sergei_Chirikov: 54, dpa/Ulrich Perrey: 20, 63, dpa/Ursula Düren: 76, dpaweb/Andreas Weihs: 99, Frederyk Gabowicz: 53 oben, 60/61, 100/101, Geisler-Fotopress/Clemens Niehaus: 110, INSIDE-PICTURE/Selim Sudheimer: 87, Jazz Archiv Hamburg / Hardy Schiffler: 31, 52, 67, SCHROEWIG/CS: 114, ullstein bild/ARTCO-Berlin: 49, United Archives / Fryderyk Gabowicz: 5, 22, 24, 35 ,36, 41, 95, 96, 103, 113, United Archives/TBM: 112, United Archives/Frank Hempel: 68, ZB/Ronald Bonß: 23, dpa-Zentralbild/Jens Kalaene: 97

Bibliografische Information der Deutschen Nationalbibliothek
Die Deutsche Nationalbibliothek verzeichnet diese Publikation in der Deutschen Nationalbibliografie; detaillierte bibliografische Daten sind im Internet über portal.dnb.de abrufbar.

Impressum
1. Auflage Mai 2022
Layout und Satz: LieblingsGrafik, Kleve
Umschlaggestaltung: Guido Klütsch, Köln
Umschlagabbildungen: Adobe Stock: ©djmilic (Ukulele), ©lesniewski (Karte Helgoland); Die Ärzte (Bestie in Menschengestalt; Gwendoline); Jörg Steinmetz/Die Ärzte (Band); ©Gerd Heidorn (Autorenbild)
Druck und Bindung: Linsen Druckcenter GmbH, Siemensstraße 12–14, 47533 Kleve

ISBN 978-3-8375-2469-7

KLARTEXT

Jakob Funke Medien Beteiligungs GmbH & Co. KG
Jakob-Funke-Platz 1, 45127 Essen
info.klartext@funkemedien.de
www.klartext-verlag.de

Hollow Skai

Die Ärzte

**Populäre Irrtümer
und andere Wahrheiten**

Inhalt

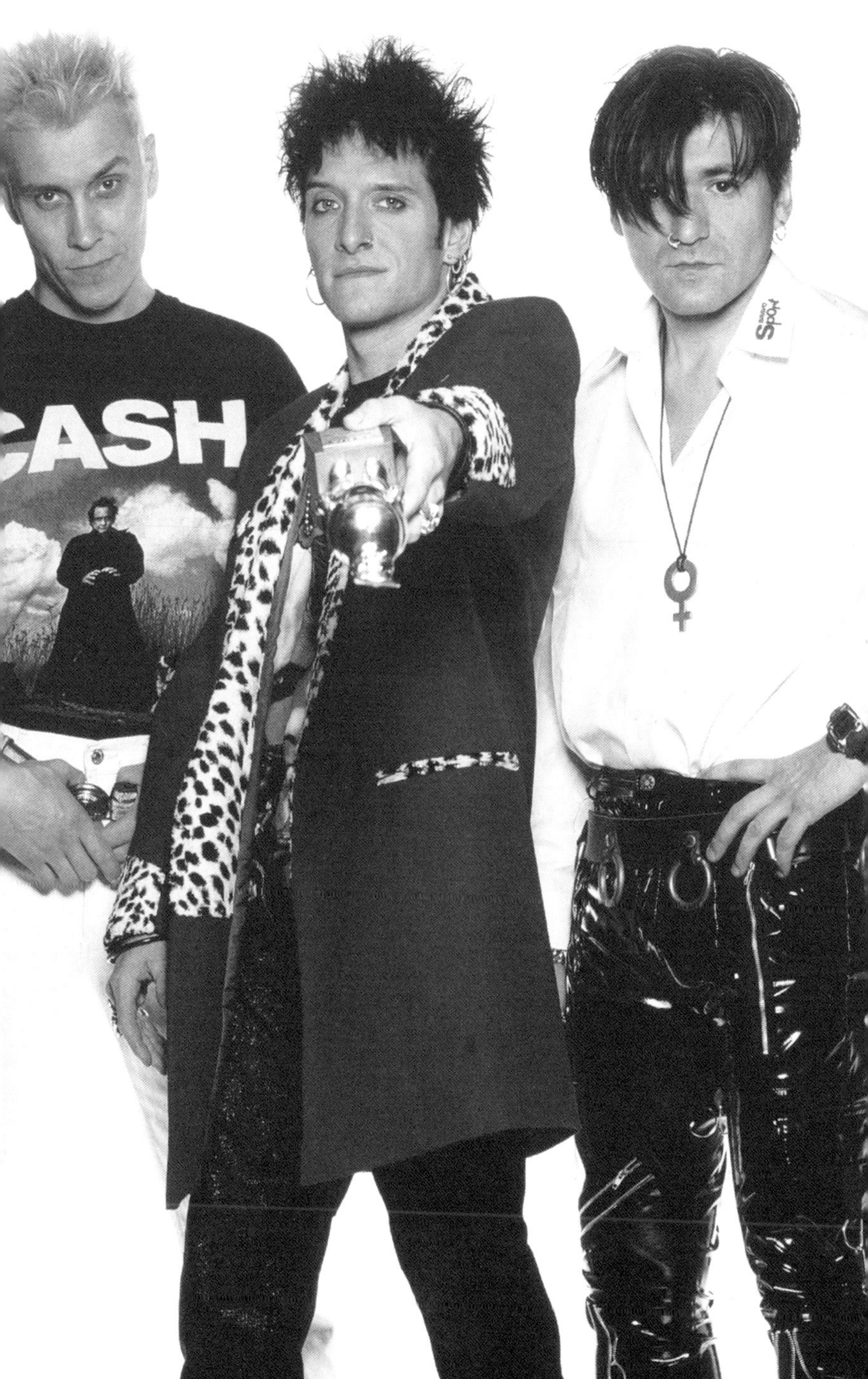
CASH

Zum Geleit

Anfangs hatte auch ich mich gefragt: Ist das noch Punkrock? Denn die ersten Platten von Die Ärzte waren mir zu albern und banal und erinnerten mich eher an die Blödel-Barden Insterburg & Co. als an die Sex Pistols. Erst nachdem sie sich getrennt und fünf Jahre später wieder zusammengerauft hatten, erkannte ich nach und nach, was sie ausmacht und warum sie so faszinieren und begeistern. Dass sie nicht nur lupenreinen Punk können, sondern auch so ziemlich jeden Stil beherrschen, den es in der Popmusik bislang gegeben hat – und alles gepaart mit einer Komik, die provoziert, verschreckt oder einfach nur für gute Laune sorgt.

Ihre musikalische Bandbreite ist immens, textlich bieten sie selbst dem König von Deutschland – Achtung, Wortspiel! – Ravioli. Und mit ihren Videos und Konzerten, Filmen und Büchern haben sie das enge Korsett gesprengt, das hierzulande Unterhaltungskünstlern gerne angelegt wird. Ihr Wortwitz ist legendär. Ihre Melodien sind oft wahre Ohrwürmer. Und ihre politische Haltung ist glasklar: Kein Punk den Faschisten!

Imponierend auch, wie sehr sie die zentrale Punk-Parole – Do it yourself! – verinnerlicht haben. Spätestens mit der Gründung von Hot Action Records haben sie ihr Schicksal in die eigenen Hände genommen, sodass sie tun und lassen können, wonach ihnen gerade ist. Gemäß der Maxime des Philosophen Walter Benjamin: „Immer radikal – niemals konsequent." Nie bierernst, aber mitunter knallhart. Nicht verbissen, aber auch nicht lustig um jeden Preis. Obwohl sie mittlerweile nicht mehr die Jüngsten sind, verstehen sie noch immer, was die Kids bewegt und antreibt, ganz gleich, wie alt die mittlerweile geworden sind. Und dass die Bezeichnung als „beste Band der Welt" ein populärer Irrtum ist, soll mir mal einer beweisen. Mehr Punk geht nicht.

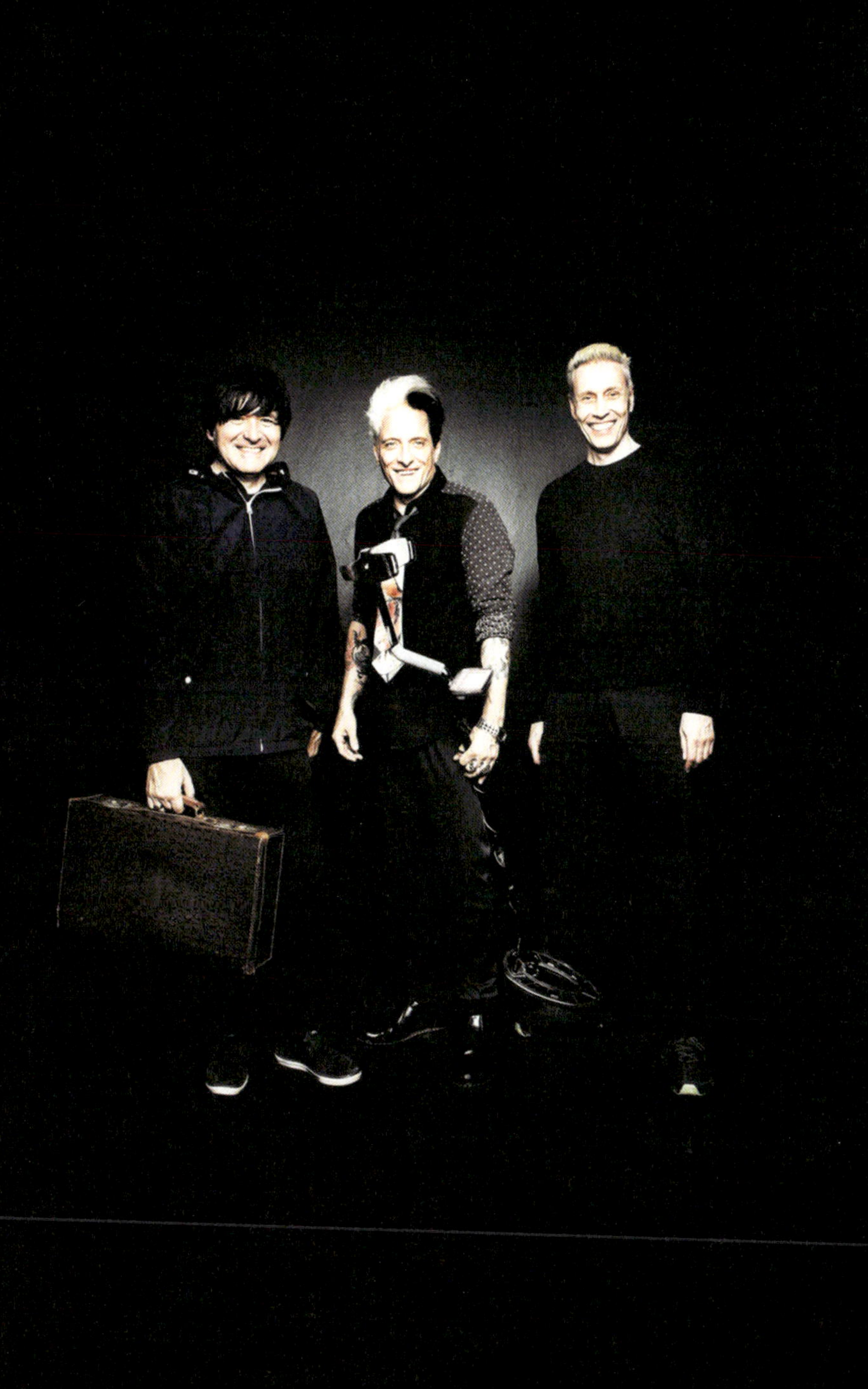

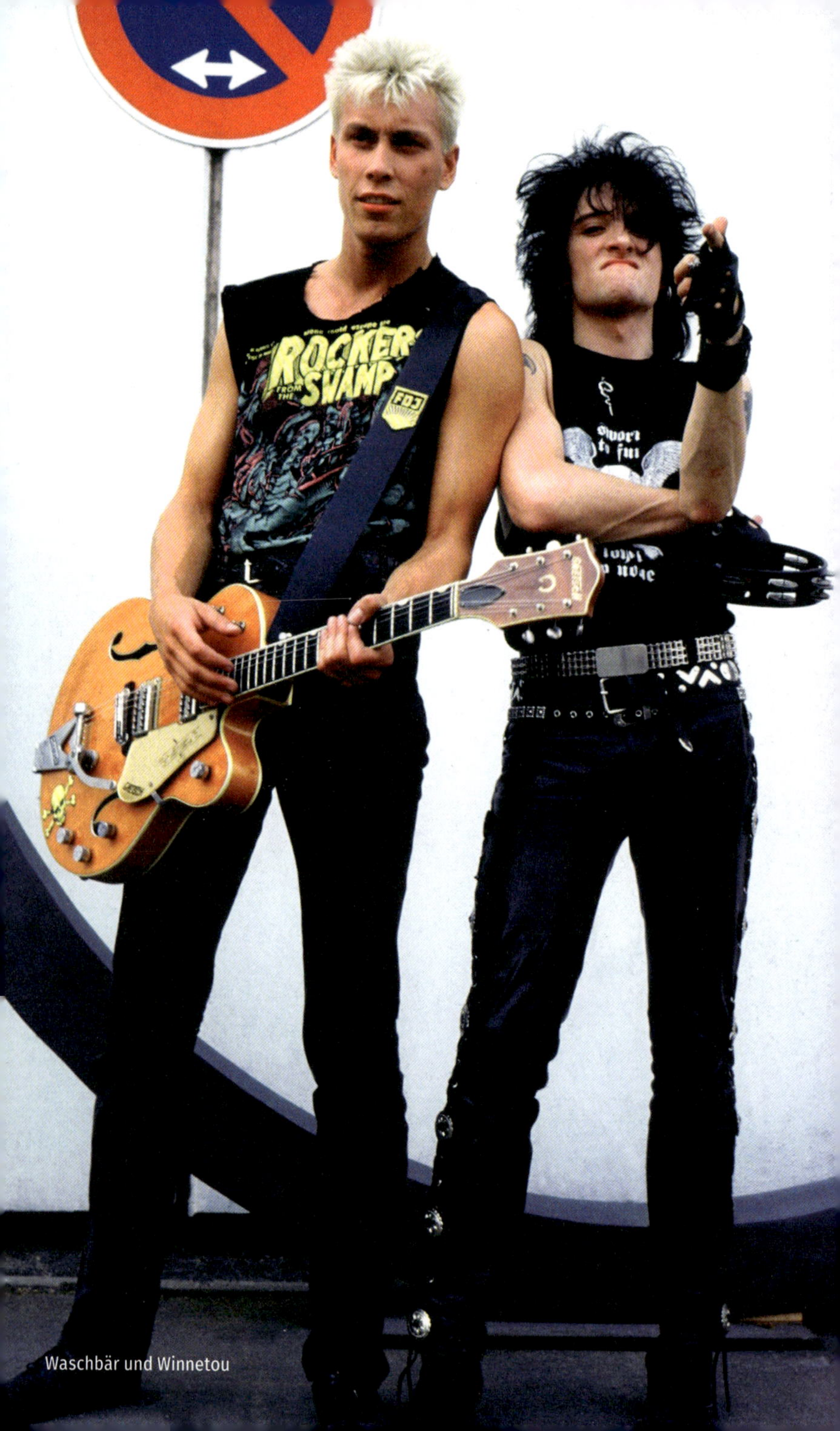

Waschbär und Winnetou

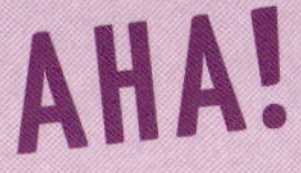

Waschbär & Winnetou

Der Name Die Ärzte ist seit 2005 im deutschen Markenregister eingetragen. Wobei sie stets darauf achten, dass nicht von den Ärzten die Rede ist, denn „Die Ärzte werden nicht gebeugt!"

Ihre erste gemeinsame Band, Soilent Grün, benannten Bela B und Farin Urlaub nach Richard Fleischers dystopischem Science-Fiction-Film „Soylent Green", der 1973 in Deutschland unter dem Titel „... Jahr 2022 ... die überleben wollen" ins Kino kam. Warum sie ihr nächstes Bandprojekt auf den Namen Die Ärzte tauften, lässt sich jedoch nicht so klar sagen. Angeblich vermisste Bela B in den alphabetisch sortierten Regalen der Plattenläden eine Gruppe mit dem Anfangsbuchstaben Ä. Bernd Mehlitz, der Rock-beauftragte des Berliner Senats, war sich hingegen 1983 sicher, dass sie diesen Namen gewählt hatten, „weil sie eine Art klinisch-sterilen Sound haben". Ihrem langjährigen Fanclub-Leiter Markus Karg zufolge gab es jedoch keinen vernünftigen oder gar konzeptionellen Grund für die Namenswahl. „Als der Name geboren wurde", sei das für Farin Urlaub und Bela B „völlig

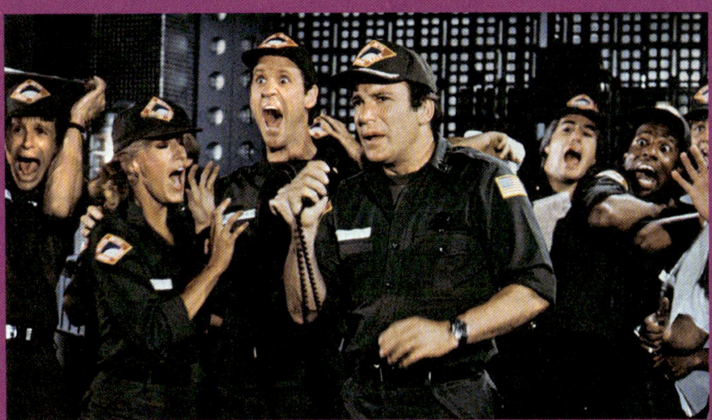

Schon Commander Buck Murdock alias William Shatner wusste: „Das ist nicht die ganze Wahrheit."

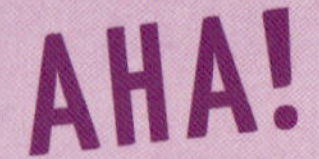

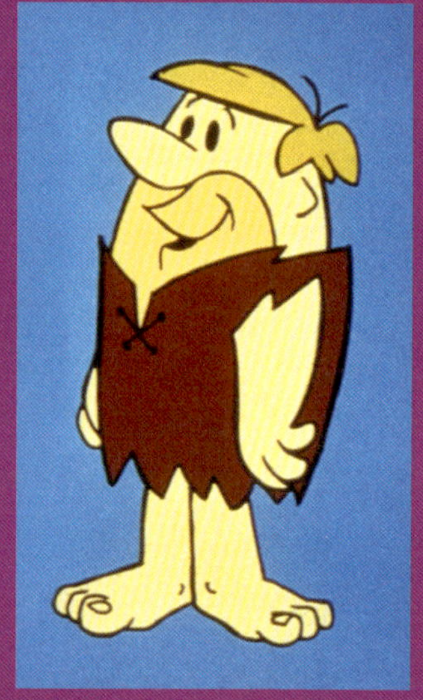

Wegen seines bürgerlichen Nachnamens wurde Dirk Felsenheimer auch Barney Geröllheimer genannt.

logisch“ gewesen. Nachdem sie „die absurdesten Ideen“ für die musikalische Ausrichtung diskutiert und eine lange Liste möglicher Bandnamen erstellt hatten, habe es „definitiv keinen besseren“ gegeben.

Nicht immer wählten Die Ärzte Album- oder DVD-Titel mit Bedacht aus, manchmal gaben sie ihnen auch aus einer Laune heraus einen Namen. Als sie 1993 eine Sammlung ihrer Video-Clips veröffentlichten, nannten sie die „The Killer“, nach einem Film mit John Woo. Farin Urlaub: „Da standen wir und dachten, wie nennen wir denn jetzt den Scheiß?“ Als Farin an seinem Video-Regal vorbeiging, fiel ihm dieser Film ins Auge. „Den Titel schlug ich den anderen beiden vor, und die meinten gleich, ja, ist okay.“ Die Wahl des Titels sei Bela B und Rod „völlig egal“ gewesen.

Bereits im Studio hatten sich Bela B und Farin Urlaub 1988 hingegen auf den Titel ihres Albums „Das ist nicht die ganze Wahrheit ...“ geeinigt. Der Satz stammte aus dem Film „Die unglaubliche Reise in einem verrückten Raumschiff“, in dem William Shatner diese Worte als Commander Buck Murdock fallen lässt. Der Titel ließ ihnen genügend Platz für Interpretationen und bezog sich zugleich auf ihren Eröffnungs-Song „Ohne dich“, der mit der Frage beginnt: „Wollt ihr die Wahrheit hören?“

Die Namen ihres Musikverlags (PMS), ihrer Filmproduktion (EVP) und ihres Managements (SPW) bestehen dagegen nur aus jeweils drei Buchstaben – wobei PMS ursprünglich für prämenstruelles Syndrom, EVF für Explodierende Votzen Film und SPW für Scheiße Pop Werbung standen.

Bei der GEMA wird Dirk Albert Felsenheimer, so sein bürgerlicher Name, als Bela Barney Felsenheimer geführt. Bela nannte er sich spätestens, nachdem er die Bauhaus-Single „Bela Lugosi is dead" gehört hatte, eine Hommage an seinen liebsten Dracula-Darsteller. Und das B in seinem Künstlernamen steht für Barney Geröllheimer, eine der Hauptfiguren der in der Steinzeit spielenden Zeichentrickserie „Familie Feuerstein". Wegen seines bürgerlichen Nachnamens war Bela B von Freunden einst so genannt worden.

Bela Bs Faszination für Comic-Strips gab auch den Ausschlag für die Namenswahl seiner Band Depp Jones, die er nach der Auflösung von Die Ärzte gründete. Sie wurde nach dem Lucky-Luke-Comic „Die Daltons im Blizzard" benannt, in dem Averell Dalton den Decknamen Depp Jones erhielt. Und auch sein Projekt S.U.M.P. benannte er nach einem Comic – in „Judge Dredd" hieß der hässlichste Mann der Welt Otto Sump.

Leicht gefallen war Jan Vetter die Wahl seines Künstlernamens Farin Urlaub – er verreiste schon damals gerne, als er ihn sich vor der Unterzeichnung seines ersten Plattenvertrags und für die Anmeldung bei der Verwertungsgesellschaft GEMA zulegte. Mittlerweile können Babys auch ganz offiziell auf den Namen Farin getauft werden, weil der in die Namensliste von Standesämtern aufgenommen wurde.

Sich selbst bezeichneten Bela B und Farin Urlaub eine Zeit lang in Anspielung auf die „Glimmer Twins" Mick Jagger und Keith Richards als die „Keinen-blassen-Schimmer Twins". Die lustigsten Spitznamen wurden ihnen allerdings von Anderen verpasst. Zurück aus London, wo es im Zuge des Erfolgs von Adam Ant schwer angesagt war, sich einen schwarzen Balken über die Augen zu schminken, wurde Farin Urlaub vom Türsteher der Berliner New-Wave-Disco Linientreu einst gefragt: „Was'n das? Will der Waschbär auch rein?" Und als Bela B in seiner Grufti-Phase sich die Haare „wie die gesamten Jacob Sisters" toupiert hatte, staunte der Türsteher der Dachluke: „Ach, kiek mal, Winnetou mit 'nem explodierten Föhn."

Live aus dem OP

Ihr erstes Konzert gaben Die Ärzte standesgemäß auf dem Gelände eines Krankenhauses in Berlin-Spandau. Angesichts ihres Namens lag es nahe, dass sie schon bald als „Ärzte ohne Grenzen“ oder „Geilpraktiker“ bezeichnet wurden.

Ihre Musik wurde als „Punk mit Nebenwirkung“ oder „Stimmung pur auf Rezept“ beschrieben. In Konzertberichten hieß es, dass Die Ärzte wieder operieren und die Patienten Schlange standen. Mal wurden sie zu Sanitätern und gaben „erste Hilfe“, mal war ihre „Sprechstunde ausgebucht“, und mal lieferten sie eine „Supershow auf dem Ärztekongress“. Boulevardzeitungen berichteten „live aus dem OP!“ oder verkündeten schlicht: „Frisch operiert – Die Ärzte sind wieder da“. Plattenkritiken verkündeten „Neues aus dem Wartezimmer“ oder versprachen in der Weihnachtszeit eine „Narkose unterm Tannenbaum“. Und in den Credits ihrer Maxi-Single „Ausgebombt“ vermerkte die Band Sodom die Gastrolle von Bela B: „Ausgebombt with verbal injections by Dr. Bela“.

Allein die Bundesärztekammer verstand keinen Spaß und wollte gleich mehrere Male der Band den Namen streitig machen. „Offenbar wollten die nicht“, so Axel Schwarzberg, der Anwalt von Die Ärzte, „dass ihr Berufsstand in den Dreck gezogen wird.“

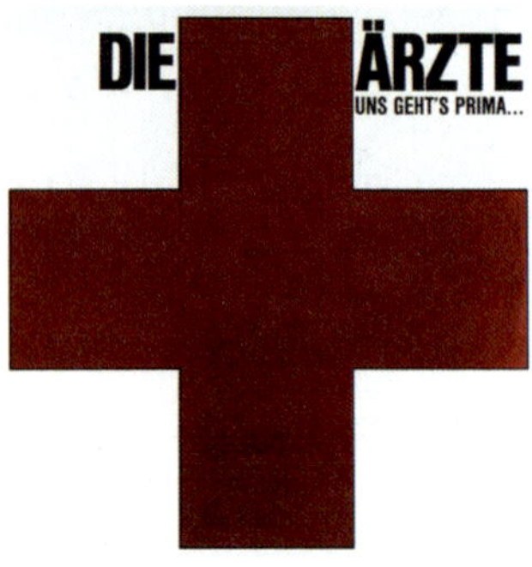

Auch das Cover ihrer Mini-LP „Uns geht's prima ...“ mit dem roten Kreuz auf weißem Grund erregte Aufsehen. Kaum stand die Platte in den Läden, meldete sich auch schon das Deutsche Rote Kreuz (DRK) und bat darum, künftig nicht mehr das rote Kreuz zu verwenden, um Verwechslungen vorzubeugen.

Die Befürchtung des DRK war nicht ohne weiteres von der Hand zu weisen, hatten sich zu einem Konzert doch auch Leute eingefunden, um Blut zu spenden. Das Vielklang-Label gab deshalb klein bei und druckte das Kreuz bei Nachpressungen jeweils in anderen Farben, sodass es die Platte auch mit blauen, grünen, weißen, gelben, braunen, schwarzen und goldenen Kreuzen auf dem Cover gab.

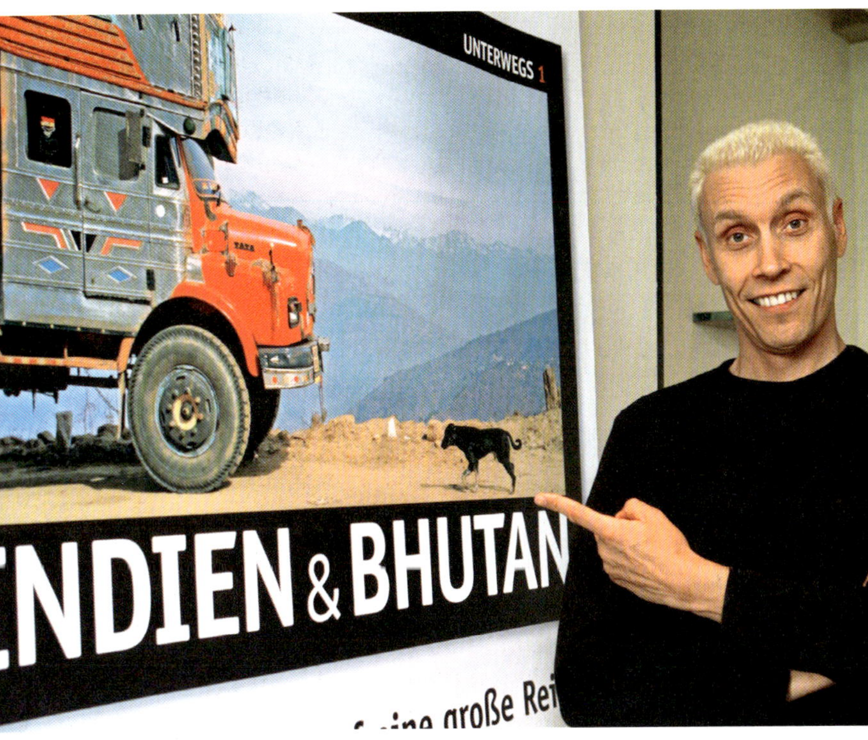

Geilpraktiker ohne Grenzen – Farin Urlaub

Dass er auch eine soziale Ader hat, bewies Farin Urlaub, als er die Tantiemen, die er aus dem Verkauf seiner Bildbände über „Indien & Bhutan" und „Osttimor" erhielt, der Organisation Ärzte ohne Grenzen und einem Krankenhaus in Osttimor spendete.

Der Mann, den sie Pferd nannten

Als Die Ärzte Ende der 1980er das Album „Das ist nicht die ganze Wahrheit ...“ aufnehmen wollten und kurzfristig ein Studio eingerichtet werden musste, half der gelernte Schaufensterdekorateur Bela beim Bespannen der Wände. Das hatte er in seiner dreijährigen Ausbildung schließlich schon „ungefähr tausendmal“ gemacht.

Eigentlich wollte Bela B ja Polizist werden, doch es dauerte gerade mal zwei Wochen, bis er den Dienst quittierte und sich nach einer anderen Lehre umsah. Kurz zuvor war er zum ersten Mal auf einem Punk-Konzert gewesen und hatte drei Berliner Punkbands live gesehen: Tempo, DIN A Testbild und White Russia, bei denen der spätere Produzent von Die Ärzte, Uwe Hoffmann, Schlagzeug spielte.

Mit Musik war er schon sehr früh in Berührung gekommen. Die erste Single, die er geschenkt bekam (und heute noch besitzt) war von Tony Marshall – „Heute hau’n wir auf die Pauke“. Das ließ er sich später nicht zweimal sagen, als er erst bei der Schülerband Empire, dann in einer Led-Zeppelin-Cover-Band, bei der nach einem Song von Chris Spedding benannten Band Wild in the Streets, bei Soilent Grün und schließlich bei Die Ärzte Schlagzeug spielte.

Seine zweite und „wirklich entscheidende“ Single hatte mit deutschen Schlagern aber nichts mehr zu tun. „Ballroom Blitz“ von der Glamrock-Boygroup The Sweet beeinflusste ihn so nachhaltig wie das Debütalbum von Suzi Quatro, das er sich von seinem Taschengeld kaufte.

Auch das erste Konzert, auf dem er je war, zählt für ihn nicht, schleppte seine Mutter ihn doch zu einem Schlagerfestival mit. Das zweite Konzert, zu dem sie ihn mitnahm, gaben ABBA (was er „aus heutiger Sicht“ natürlich ebenfalls nicht toll fand). Allein auf einem Konzert war er hingegen erstmals bei Sailor, einer britischen Pop-Gruppe, deren größter Hit Mitte der 1970er auf Platz 2 der deutschen Charts landete: „Girls, Girls, Girls". Und seine erste Punk-Single war von Cock Sparrer – „Running Riot". Da hatte er schon sein „erstes Mal" zu den Klängen von Led Zeppelins „Stairway to Heaven" hinter sich.

Ungefähr zu dieser Zeit nahm er unter dem Namen Fucking Felsenheimer auch seinen ersten selbstgeschriebenen Song auf. „Stulle mit Jagdwurst" hieß der und wurde von ihm mithilfe zweier Kassettenrecorder daheim aufgenommen. Dem Vernehmen nach war er so schlecht, dass ihn bis heute nur Farin Urlaub zu hören bekam.

Im Gegensatz zu Farin, der in einer multikulturellen WG und dann im beschaulichen Frohnau aufgewachsen ist, stammte Bela zwar nicht gerade aus asozialen Verhältnissen, doch Spandau war definitiv ein raueres Pflaster und Bela musste sich auf der Straße vor Neo-Nazis und Hooligans der alten Tante Hertha BSC in acht nehmen. Und während Farin sich nach einem Konzert auf sein Hotelzimmer zurückzog, in einem Buch blätterte und höchstens ein Glas Milch trank, zog Bela gerne noch um die Häuser und nutzte die Tourneen, um über die Stränge zu schlagen. Bei einem Ausflug nach London, im Anschluss an die „Debil-Tour", warf er 1985 – „ich war nicht wählerisch" – einmal sehr schlechtes LSD ein und saß „mit dämmerndem Kopf" an der Tanzfläche eines Clubs, bis ein Schatten auf ihn fiel, er aufschaute und Lemmy Kilmister von Motörhead erblickte, der das Terrain sondierte.

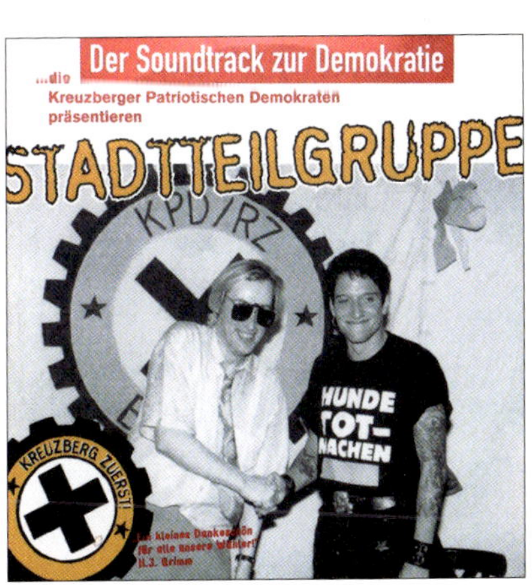

Spitzenkandidaten der KPD/RZ – der Wahre Heino und Bela B

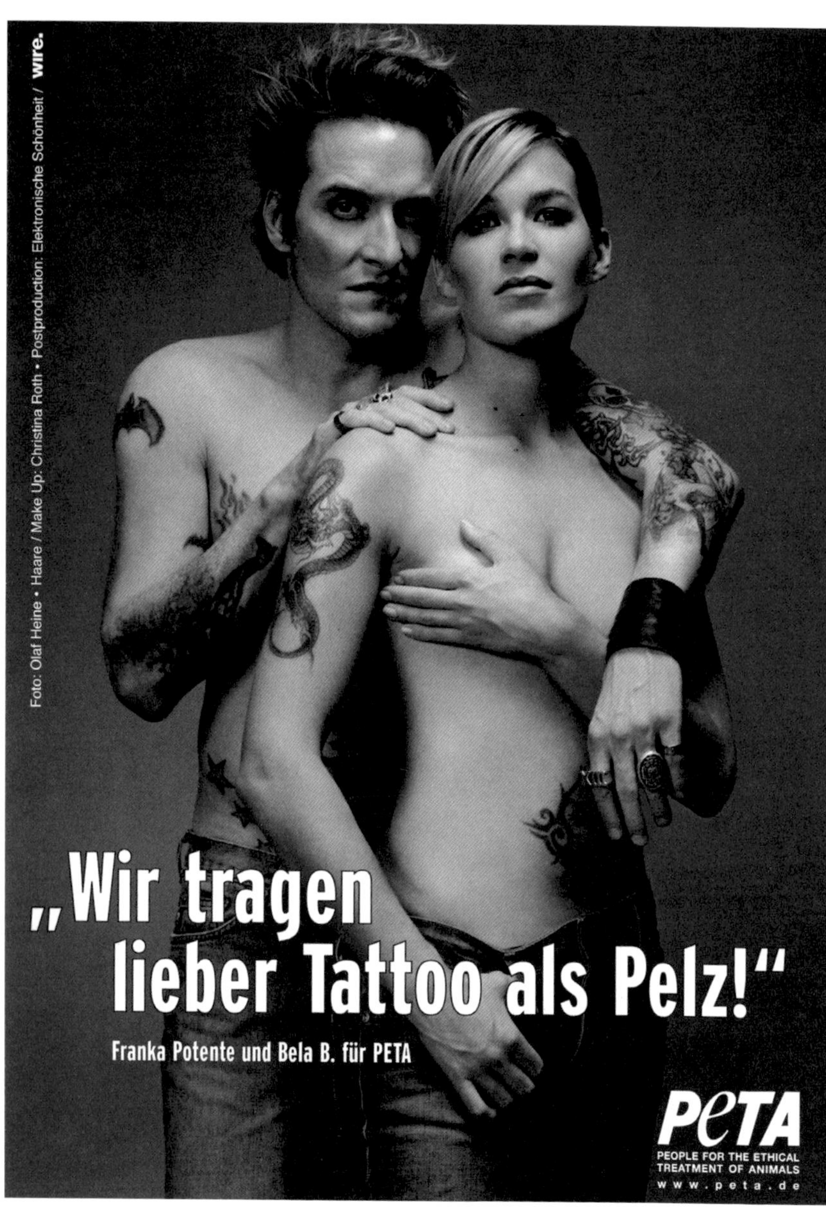

Trotz Hundephobie ein Herz für Tiere – Bela B und Franka Potente

Trotz einer Essstörung hielt er an seinem Lebensstil fest. Auf der Musikmesse Popkomm erlitt er 1993 nach tagelangen Ausschweifungen einen Kreislaufzusammenbruch, kehrte aber nach einer Infusion schnell wieder aus dem Krankenhaus zurück. Und am Vorabend der 1995er Tournee, deren Motto „Eine Frage der Ehre“ Die Ärzte vom Boxkampf zwischen dem Weltmeister Henry Maske und seinem Herausforderer Graciano „Rocky“ Rocchigiani übernommen hatten und auf die Bela sich gewissenhaft vorbereitet hatte, indem er wochenlang jeglichen Alkohol verschmähte und sich auch sonst gesund ernährte, trank er dann doch ohne Ende russischen Wodka. Was zur Folge hatte, dass er sich bei einem Auftritt der Bronx Boys im Stagediving übte und rückwärts von der Bühne in ein imaginäres Publikum fallen ließ – damit die am nächsten Tag beginnende Tournee wie geplant beginnen konnte, wurde er vom Tourneekoch Ole Plogstedt immer wieder aufgefangen. Irgendwie gelang es ihm dann aber doch, zu einer Schnellstraße zu wanken und einem entgegenkommenden Lkw zuzurufen: „Ich bin Bela B, du musst anhalten.“ Hätte ihn nicht der Coach von Deutschlands faulster Punkband ZZZ Hacker mit einem filmreifen Sprung in den Straßengraben befördert, hätte Farin Urlaub sich nicht am nächsten Abend über Belas Kater lustig machen können.

Doch weder Alkohol noch Drogen brachten ihn 1999 fast ums Leben, sondern ein explodierender Tank auf einer Autofahrt nach Spanien. Sowohl Bela als auch seine Freundin überlebten die Explosion, allerdings erlitt er schwere Verbrennungen, die auch sein Depp-Jones-Tattoo an seinem rechten Arm zerstörten, und er musste zwei Wochen lang auf einer Intensivstation verbringen, um nicht an einer Blutvergiftung zu sterben.

Auch sonst steckte er so einiges weg. Ein Konzert im Berliner Metropol musste 1985 fast abgebrochen werden, weil ihm jemand eine volle Bierdose an den Kopf geworfen hatte, sodass er blutüberströmt zu Boden ging; als das Konzert schließlich fortgesetzt wurde, widmete Bela dem Dosenwerfer den Song „Scheißtyp“. Auf einer Tour wurde ausgerechnet er, der eine

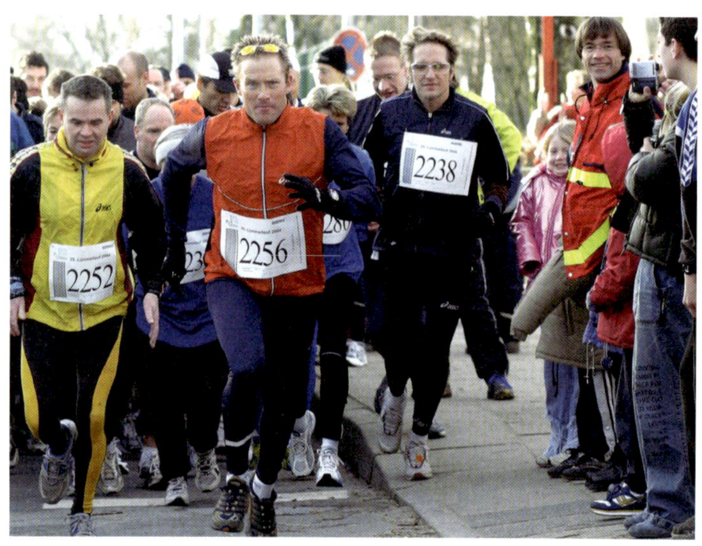

Bela rennt – Hagener Lümmellauf 2004, Startnummer 2238.

Hundephobie hatte, mal von Rico, dem Hund ihres Truckers Hammer, gebissen. Und zur Zeit der Ärztemania entkam er einmal nur knapp seinen Fans, die ihm fast die Klamotten vom Leib rissen.

In Hotels checkte er schon mal unter dem Namen „Der Mann, den sie Pferd nannten“ ein, dem Titel eines ziemlich brutalen Indianerfilms. Und dass er eine Pferdelunge hat, bewies er, indem er sieben Marathonläufe absolvierte (auch wenn er da schon aufgehört hatte zu rauchen).

Stillsitzen, in sich reingucken oder die Wand anstarren, war nie sein Ding. Während Farin Urlaub in der Welt herumreiste und in fernen Ländern auf Abstand zum Trubel um Die Ärzte ging, stürzte Bela B sich von einem Projekt ins nächste. So übernahm er die Schwangerschaftsvertretung der TV-Moderatorin Charlotte Roche und moderierte vorübergehend ihre Sendung „Fast Forward“ auf VIVA zwei. Und für die vom Wahren Heino mitgegründete Partei Kreuzberger Patriotische Demokraten/Realistisches Zentrum kandidierte er Mitte der 1990er für das Amt des Berliner Vizebürgermeisters und bestritt den Wahlkampf in einem T-Shirt, auf das die zentrale Forderung der KPD/RZ gedruckt war: „Hunde totmachen.“ 2004 ließ er sich wiederum zusammen mit Franka Potente („Lola rennt“) nackt für ein Plakat der Tierschutzorganisation PETA ablichten, um gegen das Tragen von Pelzen zu demonstrieren. Zudem ist Bela Mitglied der globalisierungskritischen Bewegung Attac und des FC St. Pauli, unterstützt die soziale Wasserinitiative Viva con Agua und die Kampagne „Mut gegen rechts“ der Amadeu Antonio Stiftung. Darüber vergaß er jedoch nie, dass Diddl-Mäuse die wahre „Geißel der Menschheit“ sind.

Als er 2003 vorübergehend aus der kompletten Geschichte von Die Ärzte getilgt wurde wie einst Trotzki von Stalin aus der Historie der Sowjetunion, waren seine Fans natürlich entsetzt. Die Idee, ihn von der Website der Band und aus allen Texten und Grafiken zu streichen und sogar den dritten Punkt auf dem Ä vorübergehend zu löschen, war jedoch auf seinem eigenen Mist gewachsen – und ein typisches Beispiel für seinen manchmal verstörenden Humor.

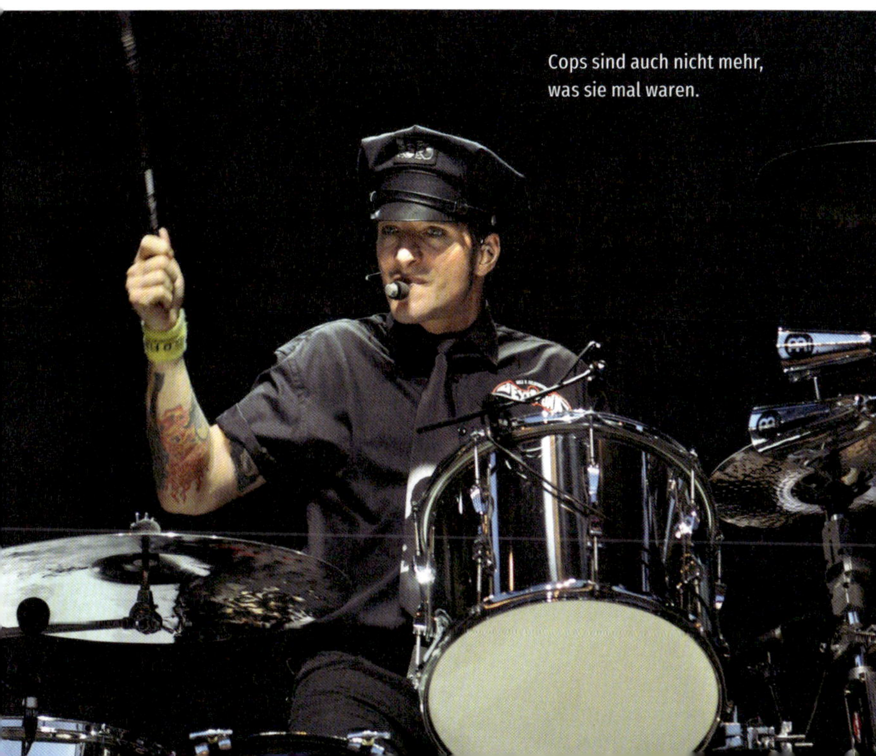

Cops sind auch nicht mehr, was sie mal waren.

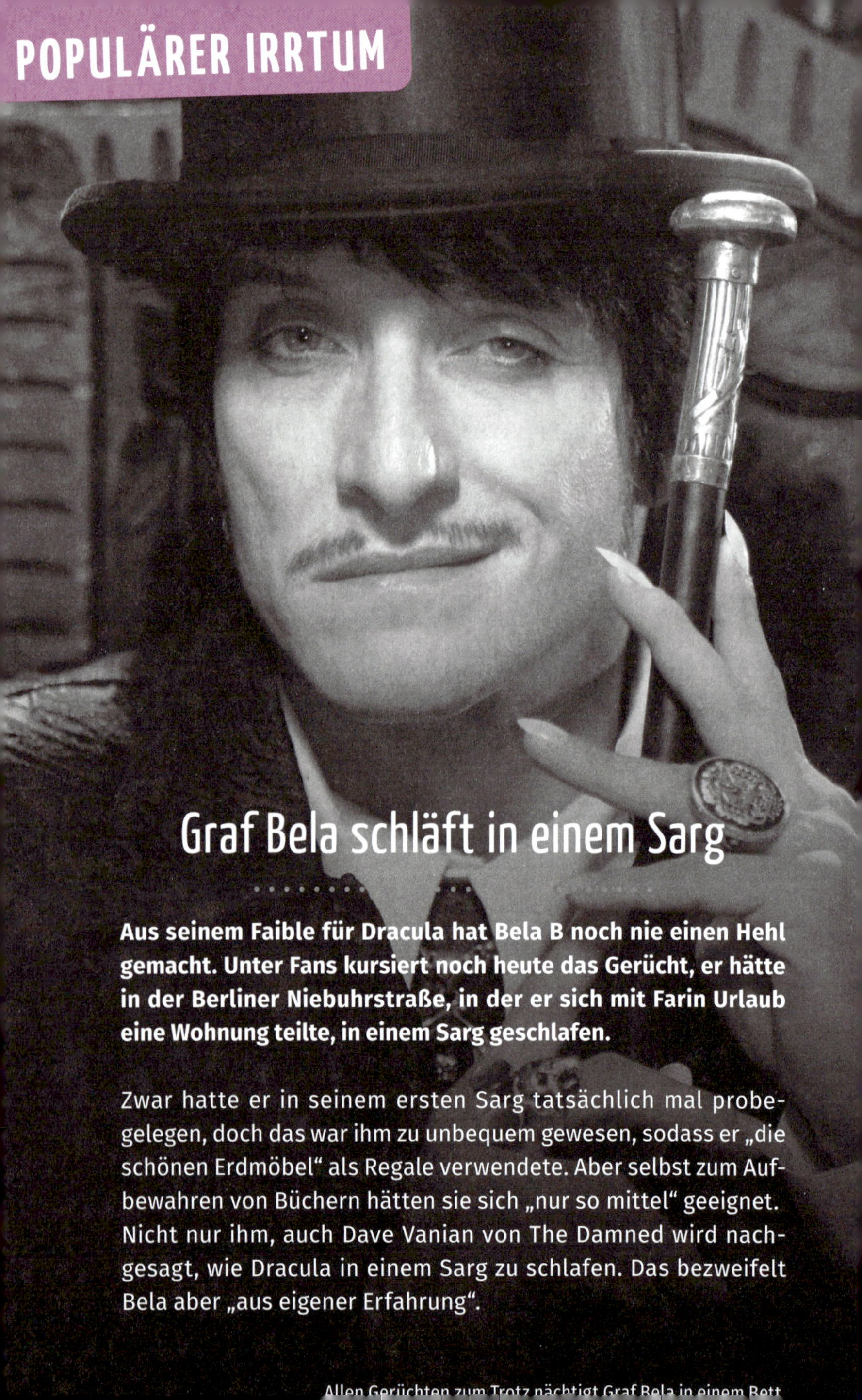

POPULÄRER IRRTUM

Graf Bela schläft in einem Sarg

Aus seinem Faible für Dracula hat Bela B noch nie einen Hehl gemacht. Unter Fans kursiert noch heute das Gerücht, er hätte in der Berliner Niebuhrstraße, in der er sich mit Farin Urlaub eine Wohnung teilte, in einem Sarg geschlafen.

Zwar hatte er in seinem ersten Sarg tatsächlich mal probegelegen, doch das war ihm zu unbequem gewesen, sodass er „die schönen Erdmöbel“ als Regale verwendete. Aber selbst zum Aufbewahren von Büchern hätten sie sich „nur so mittel“ geeignet. Nicht nur ihm, auch Dave Vanian von The Damned wird nachgesagt, wie Dracula in einem Sarg zu schlafen. Das bezweifelt Bela aber „aus eigener Erfahrung“.

Allen Gerüchten zum Trotz nächtigt Graf Bela in einem Bett.

Spaß is a four letter word

Dem klassischen Bild eines Punks entsprach Farin Urlaub noch nie. Dazu war er, wenn er sich nicht gerade die Haare gefärbt hatte, zu blond – und nicht blöd genug.

Aufgewachsen in einer WG im Berliner Arbeiterstadtteil Moabit und nach der Trennung seiner Eltern im bürgerlichen Frohnau, klampfte er in Zeltlagern der Falken (einem der SPD nahestehenden Jugendverband) am Lagerfeuer Folk-Songs wie „House of the Rising Sun" oder Pennäler-Hits wie „Scheiße in der Lampenschale". Weil ihn das so sehr geprägt hatte, sah er später auch zu, dass das Songbook von Die Ärzte nicht nur in einer Version für Gitarre erschien, sondern auch in einer für Ukulele.

Daheim hörte er hingegen vor allem die Beatles und Frank Zappa. Zum zehnten Geburtstag erhielt er „The Beatles Complete" – von da an gab es kein Zurück. Vetter las viel und machte Abitur, ohne ein Streber zu sein oder von einer akademischen Karriere zu träumen. Alle Bücher, die er auch zu Ende las, beeinflussten ihn jedoch nach eigenen Aussagen auf eine bestimmte Art und Weise und trugen dazu bei, dass er mit „Schrei nach Liebe" einen der besten deutschsprachigen Punk-Songs aller Zeiten schrieb. Punk war für Farin Urlaub somit weder Ausdruck von Frustrationen, sozialer Tristesse, dem Leben in einem Hochhaus-Ghetto oder dem Fehlen einer beruflichen Perspektive, sondern passierte einfach. Und er entdeckte eher zufällig Bands

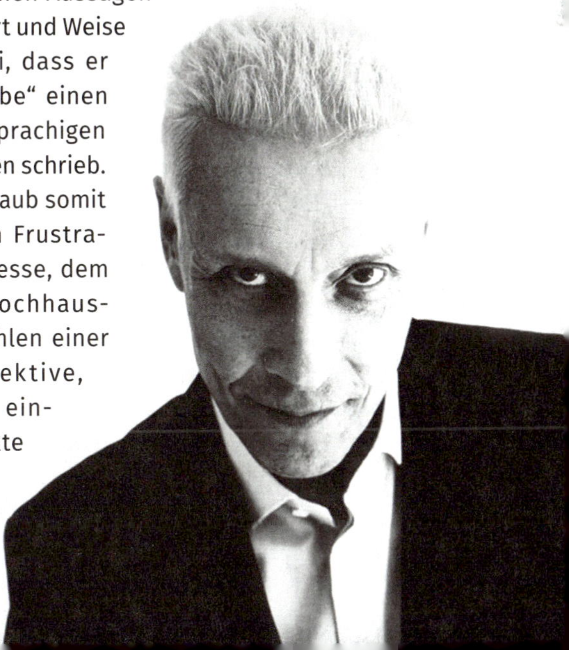

Kann auch Angst – Farin Urlaub

wie die Sex Pistols, The Clash, The Damned und The Stranglers, aber auch die Fehlfarben für sich, die ihn nachhaltig inspirierten.

Intellektuell den meisten seiner Kollegen überlegen, bildete er sich jedoch nie etwas darauf ein, sondern ließ sein erworbenes Wissen und seine Ansichten lieber in Songs aufblitzen, in denen oft von Sex und Antifaschismus die Rede ist und er ernste Themen anschneidet, sich aber auch über sie lustig macht. Wie kein anderer verkörpert Farin Urlaub den einst von Walter Benjamin in seinen Denkbildern beschriebenen destruktiven Charakter, indem er rotzfrech, doppeldeutig und gerne auch politisch unkorrekt Probleme aufgreift und sie in zarte Melodien verpackt – um vermeintliche Wahrheiten und populäre Weisheiten gleich wieder ad absurdum zu führen. Dabei bleibt er stets jung und heiter, weil das Zerstören verjüngt, wenn er die Spuren seines Alters aus dem Weg räumt, und es heitert auf, weil sich die Welt ungeheuer vereinfacht, wenn er sie auf ihre Zerstörungswürdigkeit prüft. Spaß is a four letter word.

Er ging noch zur Schule, als er eine erste Kassette mit eigenen Liedern aufnahm, sie mit „Spaß und Angst" betitelte und auf dem Schulhof verhökerte; heute ist sie ein rares Sammlerstück. Bei der von Bela B gegründeten Band Soilent Grün wurde er Gitarrist, weil er eine Gitarre besaß und seinem Vorgänger das Instrument geklaut worden war. Den ersten Auftritt von Soilent Grün im SO36 verpasste er jedoch, weil niemand seine Telefonnummer hatte und ihn darüber informieren konnte.

Statt Bier oder Schnaps trank er jahrelang lieber Milch, und als er, nachdem die LP „Nach uns die Sintflut" auf Platz 1 der

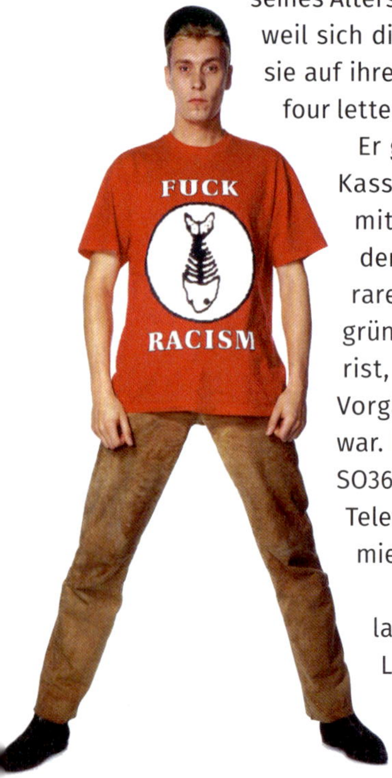

Ein T-Shirt sagt mehr als tausend Worte.

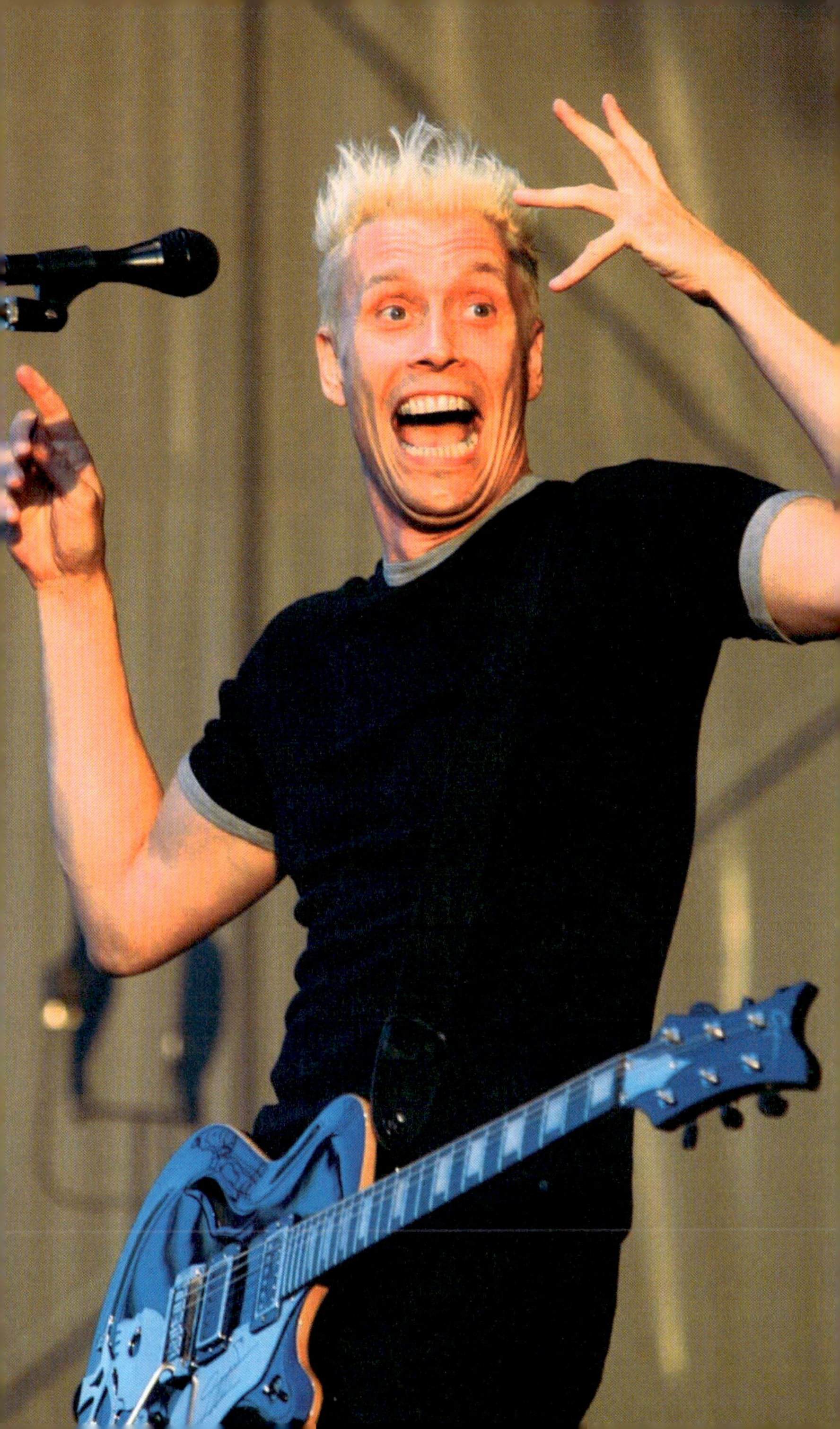

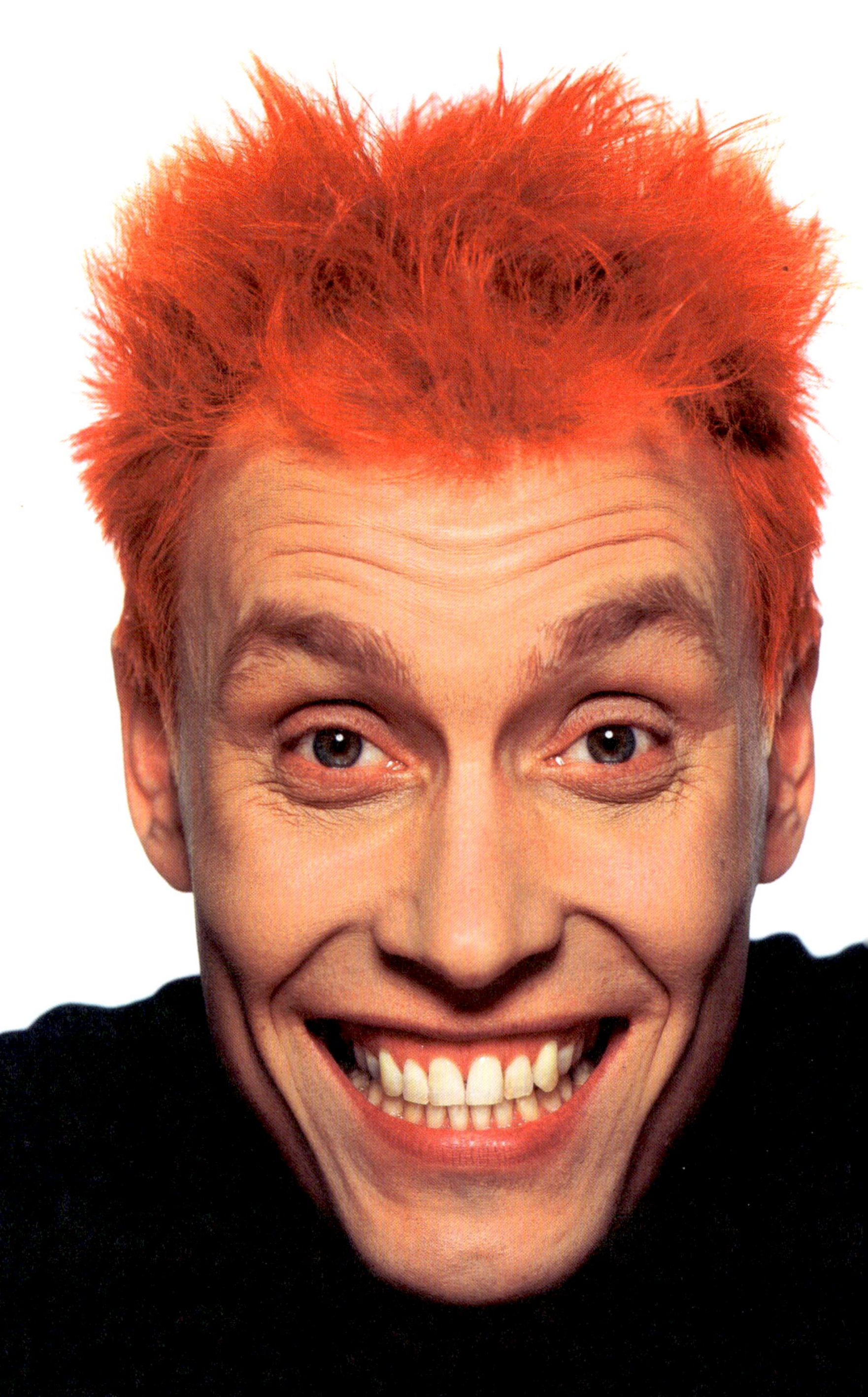

Charts gelandet war, eine Wettschuld einlösen und erstmals Alkohol trinken musste, nippte er nur kurz am Champagner und leerte das Glas heimlich in einem Blumentopf aus, was aber nur von Bela B bemerkt wurde.

Es gibt wohl nur wenige, die so viel in der Welt rumgekommen sind wie Jan Ulrich Vetter, der sich somit aus gutem Grund Farin Urlaub nennt. Um sich im Ausland besser verständigen zu können, lernte er sogar Mandarin-Chinesisch; in Mandarin sang er auch 2008 eine Version von „Junge“ für den Sampler „Poptastic Conversation“ China, auf dem deutschsprachige Bands chinesisch und chinesische Bands deutsch sangen. Zuvor hatten Die Ärzte schon ihren Song „Rettet die Wale“ für den Sampler „Poptastic Conversation“ Japan aufgenommen. Farin Urlaub: „Die japanische Version ging schneller als die chinesische. Ich mochte so was immer, eine Zeile auswendig lernen, dann singen ... und zum Schluss noch mal alles zusammen.“

Aber auch in Berlin betätigte er sich als Arzt ohne Grenzen. Obwohl sogar eine EP von ihnen auf dem volkseigenen Amiga-Label erschienen war, waren Die Ärzte nie in der DDR aufgetreten, was Farin sehr bedauerte. Einen Tag, bevor die Grenze zwischen Ost- und Westberlin geöffnet wurde, kletterte er deshalb mit Freunden heimlich über die Mauer am Brandenburger Tor und lief bis zum Alex, um sich dort mal umzusehen. Auf dem Rückweg gingen sie „ganz selbstverständlich“ auf Volkspolizisten zu, die sie jedoch überraschenderweise ebenfalls „ganz selbstverständlich“ zurück in den Westen klettern ließen. Für Farin Urlaub war das ein irrer Moment und er dachte: „Entweder nehmen die uns jetzt fest, oder die schießen – und es ist eben vorbei. Am nächsten Tag war die Mauer weg.“

Destruktion sorgt
für gute Laune.

Rock'n'Roll-Butterfahrt

Seitdem Die Ärzte 1988 ihr Abschiedskonzert in Westerland auf Sylt gegeben haben, hält sich das Gerücht, sie hätten auf Helgoland gespielt.

Farin Urlaubs Song „Westerland" hieß ursprünglich „Salvador" und handelte von Mord und Folter. Weil er Schiss hatte, sich lächerlich zu machen „als damals politisch weitgehend Ahnungsloser", schrieb er einen neuen Text und benannte den Song erst in „Helgoland" und schließlich in „Westerland" um. Manch einer glaubt deshalb noch immer, Die Ärzte würden „Ich will zurück nach Helgoland" singen, oder verwechselt den Auftritt gar mit einem Konzert, das Die Toten Hosen drei Jahre zuvor „unter falscher Flagge" auf Helgoland geben wollten, das aus Angst vor Ausschreitungen des angereisten Punk-Publikums aber verboten worden war. Denn schließlich handelte es sich bei beiden Veranstaltungen um eine Rock'n'Roll-Butterfahrt – und vielen, die mit Punk nicht allzu viel am Hut haben, fällt es ohnehin schwer, die beiden Gruppen auseinanderzuhalten.

This is not Westerland!

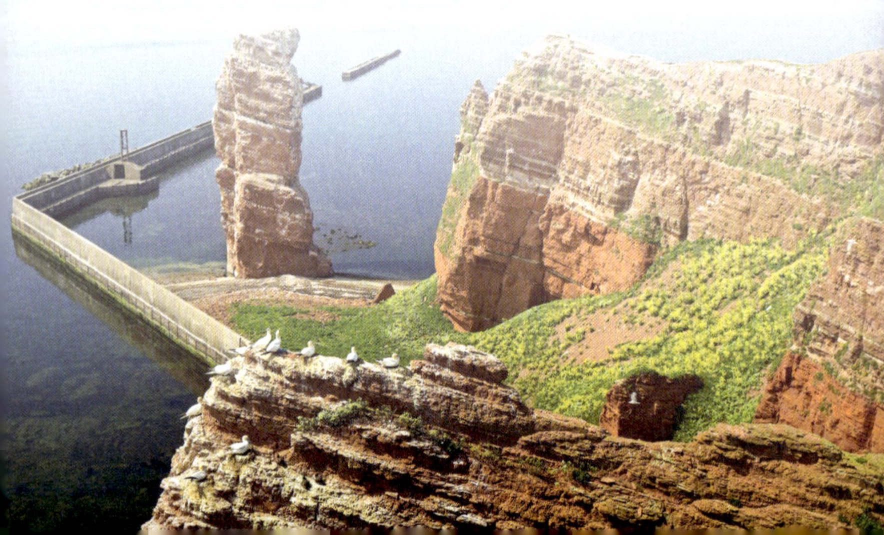

Klomusik

Als Bela B und Farin Urlaub zusammen in der Berliner Niebuhrstraße 38b wohnten, installierten sie im Bad eine Lautsprecherbox, die an Farins Plattenspieler angeschlossen wurde, um auch auf dem stillen Örtchen Musik hören zu können. Sobald einer von ihnen badete, duschte oder eine längere Sitzung hatte, wurde er jedoch von seinem WG-Genossen mit grauenvoller Musik beschallt, um den Aufenthalt im Bad zu verkürzen. Farin: „Da blieb keiner länger als unbedingt nötig auf'm Klo."

Die Top Ten der Klomusik 1982:

1. **George Kranz** *Din Daa Daa (Trommeltanz)*
2. **Hans Hartz** *Nur Steine leben lang*
3. **Bettina Wegner** *Kinder (Sind so kleine Hände)*
4. **Klaus Lage** *1000 und 1 Nacht (Zoom!)*
5. **Ina Deter** *Neue Männer braucht das Land*
6. **Ougenweide** *Es stunt ein Frouwe alleine*
7. **Jane** *All my Friends*
8. **Eloy** *Dawn (LP)*
9. **Melanie** *Beautiful People*
10. **Die Puhdys** *diverse Songs*

Zahlen & Fakten

3: In ihrem Song „Was hat der Junge doch für Nerven" tönen Die Ärzte selbstbewusst: „Mit uns kommt sowieso keiner mit, denn wir sind Die Ärzte, und wir sind zu **dritt**." In der Tat waren einige der besten Formationen der Rock- und Pop-Geschichte Trios, zum Beispiel Motörhead, Nirvana und die Stray Cats.
Ihr Album „Nach uns die Sintflut" ist zudem noch immer das erfolgreichste **Dreifach-Album**, das je in Deutschland veröffentlicht wurde, und eroberte Platz 1 der LP-Charts.

Gleich **elf** Mal kam Farin Urlaub in Videoclips zu Singles der Die Ärzte oder aus seinen Soloalben ums Leben. Farin zufolge war vor allem sein bevorzugter Regisseur Norbert Heitker daran schuld, dass er so oft in Videos umgebracht wurde, weil der latente Aggressionen gegen ihn hegte. Doch auch dem war ein bereits gefilmtes alternatives Ende von „Disco" schließlich zu brutal. Seitdem darf Farin „fröhlich überleben".

Die Zahl **13** hat einen besonderen Stellenwert für Die Ärzte. So soll ein Album von ihnen möglichst nur **13** Songs enthalten (woran sie aber nie sklavisch festgehalten haben. Und ihr Album „13" war auch nur ihr 13., wenn man die Mini-LP „Uns geht's prima ..." mitzählt und ihr Dreifachalbum „Nach uns die Sintflut" nur als einfaches Album). Auf dem Album „Ist das alles?" versammelten sie **13** Höhepunkte mit den Ärzten. Die Live-DVD „Die Nacht der Dämonen" wurde am **13.9.2013** veröffentlicht.

Und im Rahmen ihrer Berlin Tour „MMXXII2" wollen sie **13** Konzerte geben.

Anlässlich ihres **20**-jährigen Bandjubiläums traten Die Ärzte am 21. Juni 2002 auf dem Mariannenplatz in Berlin-Kreuzberg vor etwa **35.000** Zuschauern unter dem Motto **15** Jahre netto auf. Das Motto des Konzerts spielte auf ihre fünfjährige Pause zwischen 1988 und 1993 an. Für den Eintrittspreis von **7** Euro spielten Die Ärzte drei Stunden lang die Höhepunkte ihrer Karriere.

Ihr Song „Yoko Ono" ist nur **30** Sekunden lang, gleichwohl bzw. gerade deswegen veröffentlichten Die Ärzte ihn am 5. März 2001 als Single. Das Video dazu war mit **45** Sekunden zwar etwas länger, wurde aber als kürzestes Musikvideo der Welt in das „Guinness-Buch der Rekorde" eingetragen.

Die **245** Brandenburger Schüler, die 2018 ihr Abitur mit der Note 1,0 bestanden, erhielten von der Bildungsministerin Britta Ernst (SPD) eine Urkunde, auf der auch ein paar kluge Worte vermerkt waren: „Es ist nicht deine Schuld, dass die Welt ist, wie sie ist. Es wäre nur deine Schuld, wenn sie so bleibt." Das Zitat aus dem Song „Deine Schuld" von Die Ärzte hatte aber nicht Britta Ernst ausgesucht, sondern ihr Vorgänger Günter Baaske, der einst die DDR-Rockband Keimzeit gemanagt hatte.

Sahnie war der einzig Coole

Hans Runge, der erste Bassist der Die Ärzte, war nie ein Profimusiker und hatte auch keine Ambitionen, einer zu werden.

Nachdem das Trio vom Vielklang-Label zur Plattenfirma CBS gewechselt war, hatte „das ganze Musik-Ding" ihren Bassisten Sahnie alias Hans Runge nur noch gelangweilt. Zu ihrer LP „Im Schatten der Ärzte" steuerte er somit nur einen einzigen Song bei, „Wie ein Kind", den allerdings nicht er, sondern Micha von Frau Suurbier geschrieben hatte, wie sich später herausstellte. Für die Aufnahmen der Maxi-Single „Zu spät" interessierte er sich kaum und bot „recht lustlos" ein Bass-Riff an, das sich an „Doesn't Make It Alright" orientierte, einem Song, den sowohl The Specials als auch Stiff Little Fingers bereits aufgenommen hatten. Obwohl der ein Lieblingssong von Bela und Farin war, lehnten sie das Riff postwendend ab, weil er es schon so oft angeboten hatte.

Gleich am ersten Aufnahmetag des nachfolgenden Albums „Im Schatten der Ärzte" informierte Hans Runge den designierten Produzenten Manne Praeker, der in der Politrock-Band Lokomotive Kreuzberg, Nina Hagens Begleitgruppe und der Post-NDW-Band Spliff Bass gespielt und gemeinsam mit seinem Keyboarder Reinhold Heil auch Nena produziert hatte, dass er eigentlich gar keine Lust auf die Studioarbeit habe, sondern sich eher als finanzieller Strippenzieher sehe. Praeker suchte daraufhin das Weite, weil ihm Sahnies fehlendes Engagement nicht gerade erfolgversprechend erschien.

Hans „Sahnie" Runge glänzte auch durch Abwesenheit, nachdem Praeker durch Micki Meuser ersetzt worden war, der mit Bettina Wegners „Kinder" und Ina Deters „Neue Männer braucht das Land" zwei Hits vorzuweisen hatte, die Bela und Farin immer dann auflegten, wenn einer der beiden zu lange auf dem Klo ihrer

Schon hart, mit jemandem in einer Band spielen zu müssen, der die Münchener Freiheit ernsthaft gut findet ...

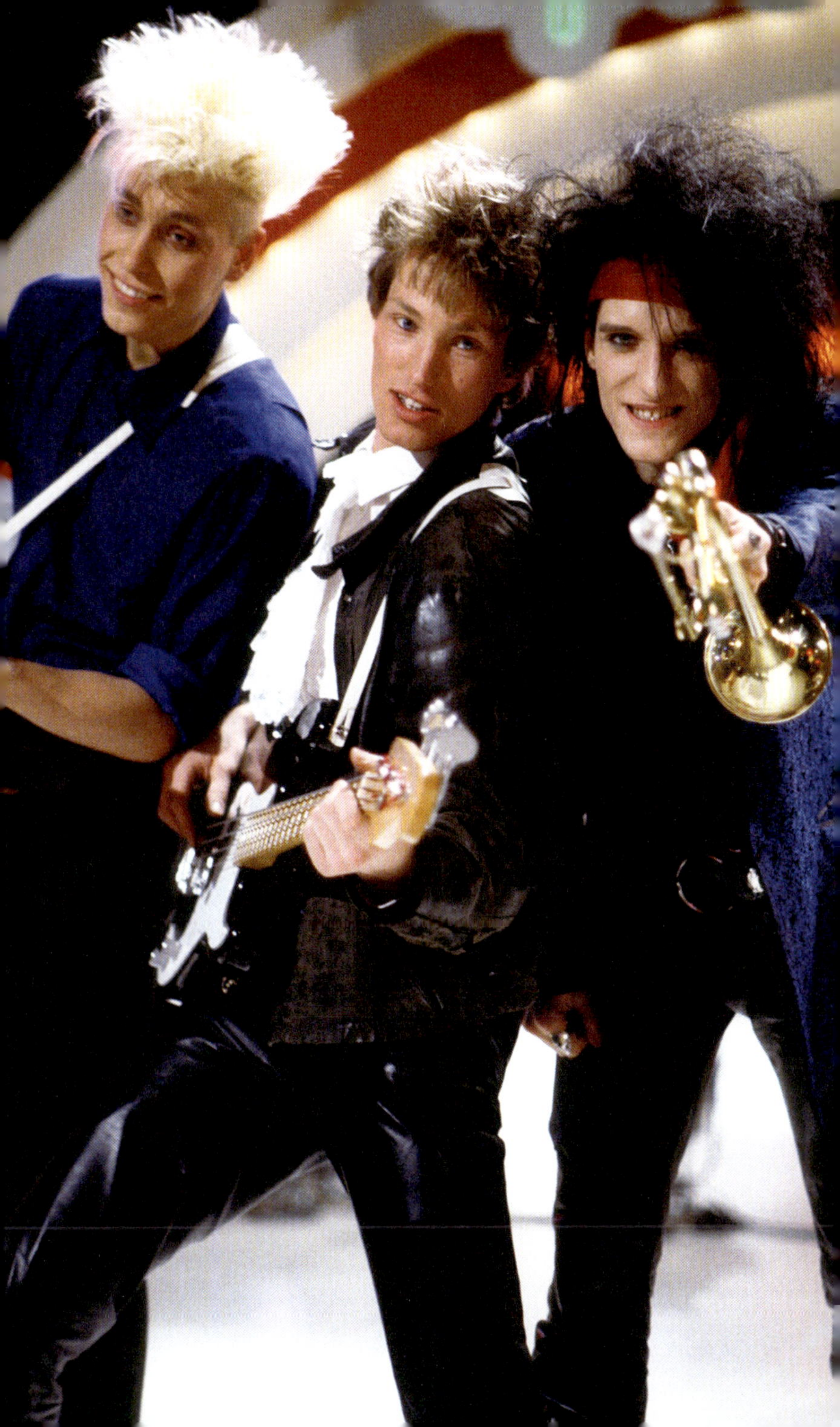

gemeinsamen Wohnung hockte. So spielte schließlich Meuser selbst die Bass-Parts ein. Allein den Basslauf des Songs „Du willst mich küssen" steuerte Runges Basslehrer Lutz Fahrenkrog-Petersen bei, der Bruder des Nena-Keyboarders Uwe Fahrenkrog-Petersen.

Am nächsten Album war Hans Runge ebenfalls kaum beteiligt, sodass Manne Praeker, der es produzierte, für ihn als Bassist einsprang.

So wie Farin Urlaub hatte auch Hans Runge am Herwegh-Gymnasium in Berlin-Frohnau Abitur gemacht, bevor er Betriebswirtschaftslehre studierte. Kennengelernt hatten die beiden sich jedoch erst, als er mit der Band um den späteren Schlagzeuger der Toten Hosen, Wölli, auftrat, die sich Frau Suurbier nannte (und bei der auch Bela B mal mitgewirkt hat).

Als Bassist von Die Ärzte war er vor allem rekrutiert worden, weil er über einen Übungsraum und ein Aufnahmegerät verfügte und einen gelben VW-Bus fuhr, der aus den Beständen der Deutschen Post stammte. Und Sahnie nannte er sich, weil sich Campino von den Toten Hosen nach einem Bonbon benannt hatte; er selbst fand den Namen „völlig bescheuert", war aber der Ansicht, dass er gut zu der Band passte.

Für Bela B war es „schon hart", mit jemandem in einer Band spielen zu müssen, „der die Münchener Freiheit ernsthaft gut" fand. Das Fass zum Überlaufen brachte Sahnie aber, als er nach einem Auftritt in der „Dennis King Show" Belas Freundin Michaela in dessen Beisein einen Vortrag über Die Ärzte hielt, deren Musik ihm nichts bedeute und für die er sich als Geschäftsmann allein aus kommerziellen Gründen interessiere. Weshalb er mit Farin verabredet habe, Bela loszuwerden, der dem Erfolg nur im Weg stünde. Er selbst hielt sich hingegen für unersetzlich, weil die Band sein Gesicht benötige.

Den Ausschlag, sich von Sahnie zu trennen, gab der schließlich selbst, als er Farin gegenüber forderte, dass sich Die Ärzte künftig nach seinem Studium richten müssten. Als er ihm dann auch noch mitteilte, dass er sowieso keine Lust auf die langweilige Studioarbeit habe, ging Farin noch während ihres Gesprächs unter einem Vorwand zum Telefon und rief Bela an: „Gute Nachrichten, wir schmeißen Hans aus der Band."

Am 1. Juli 1986 war es so weit: Sahnie erhielt eine Abfindung in Höhe von 10.000 D-Mark, weil er sich nichts davon versprach, auch künftig an den Verkäufen der mit ihm aufgenommenen Platten beteiligt zu werden. So kann man sich irren, auch wenn man BWL studiert hat.

Drei Jahre später bewarb die Plattenfirma EMI, die sich 1984 noch für die Toten Hosen und gegen Die Ärzte entschieden hatte, Sahnies Soloalbum „Erzste Sahne" mit dem Slogan „Ein Arzt kehrt zurück". Womit wohl nicht die Hitparade als Ziel seiner Rückkehr gemeint war, sondern die EMI selbst, denn das Album lag wie Blei in den Regalen.

Sahnie wurde daraufhin Geschäftsführer eines High-Tech-Unternehmens in Malaysia und stellte fest, dass die Realität „härter und verantwortungsvoller, aber auch viel spannender" sei, als mit einem Produkt namens Die Ärzte auf der Bühne zu stehen und von 13-jährigen Mädchen angehimmelt zu werden. Dem Vernehmen nach arbeitet er heute bei einer Firma für Solartechnik in Bremen.

Die Ärzte, mehr als froh darüber, dass er nicht mehr dabei war, verspotteten ihn jedoch noch jahrelang. Auf dem Cover ihres wiederveröffentlichten Frühwerks – „Die Ärzte früher!" – war er als schnell dahingekritzelter Elefant zu sehen. Im Song „Bravopunks" hieß es 1998 ironisch: „Farin, Bela, ihr seid Schwule! Sahnie ist der einzig Coole!" Für den Hidden Track „Hände innen", der 2003 auf dem Doppelalbum „Geräusch" versteckt wurde, reimten Die Ärzte: „Und du denkst sicher nicht, die brauchen Sahnies Gesicht!" Und live wurde er von Bela, Farin oder Rod oft mit einem Befehl zitiert, den Sahnie einst Bela auf der Bühne zugerufen hatte, als der mal wieder bei einem Wortgefecht mit Farin etwas abgeschweift war: „Halt's Maul und spiel!" Die Aufforderung wurde so zum geflügelten Wort, das längst zum Stammrepertoire ihrer Live-Talks zählt.

The Incredible Hagen und 2000 Mädchen

„Hagen, willst du Popstar werden?" Die Frage, die dem Bassisten der Berliner Band The Nirvana Devils im Sommer 1986 gestellt wurde, konnte der eigentlich nur mit einem klaren „Ja" beantworten. Schließlich wurde sie ihm nicht von irgendwem gestellt, sondern von Bela B. Und den hatte ja sogar die BRAVO schon als Teenie-Idol abgefeiert.

Auf Hagen Liebing aufmerksam geworden war Bela erstmals, als der das „Fanzine Pinthouse" herausgab, in dem er Nacktfotos von Berliner Szenegrößen veröffentlichte. Auch Bela hatte sich dafür von seinem Kumpel Jörg Buttgereit ablichten lassen, die Ausgabe mit seinen Bildern war dann aber nie erschienen.

Natürlich sagte Hagen Liebing zu, Sahnie am Bass zu ersetzen, zumal Die Ärzte eine von zwei Berliner Bands waren, die er uneingeschränkt gut fand. Andererseits wollte er im Herbst jenes Jahres damit beginnen, Medienwissenschaften zu studieren, weshalb er zunächst doch etwas zögerte. Den Ausschlag gab schließlich das Angebot, nicht an allen Promo-Terminen teilnehmen und Interviews geben zu müssen und auch von der Arbeit im Studio weitgehend entbunden zu werden. Er musste also nur zusehen, dass sich sein Studium nicht mit den Tourneen und Auftritten überschnitt, und wurde pro Gig bezahlt.

Schwieriger war es da schon, einen Künstlernamen zu finden. Eigentlich war er mit seinem bürgerlichen Namen durchaus zufrieden, und Gurki, so ein Vorschlag, der bei einem Brainstorming der Band in einem italienischen Restaurant zur Debatte stand, wollte er nun wirklich nicht genannt werden. Die zündende Idee hatte schließlich Bela, der vorschlug, ihn nach einer Figur aus einem Marvel-Comic, dem Hulk, zu benennen. The Incredible Hagen – damit konnte der eher ruhige „Leih-Bassist" gut leben.

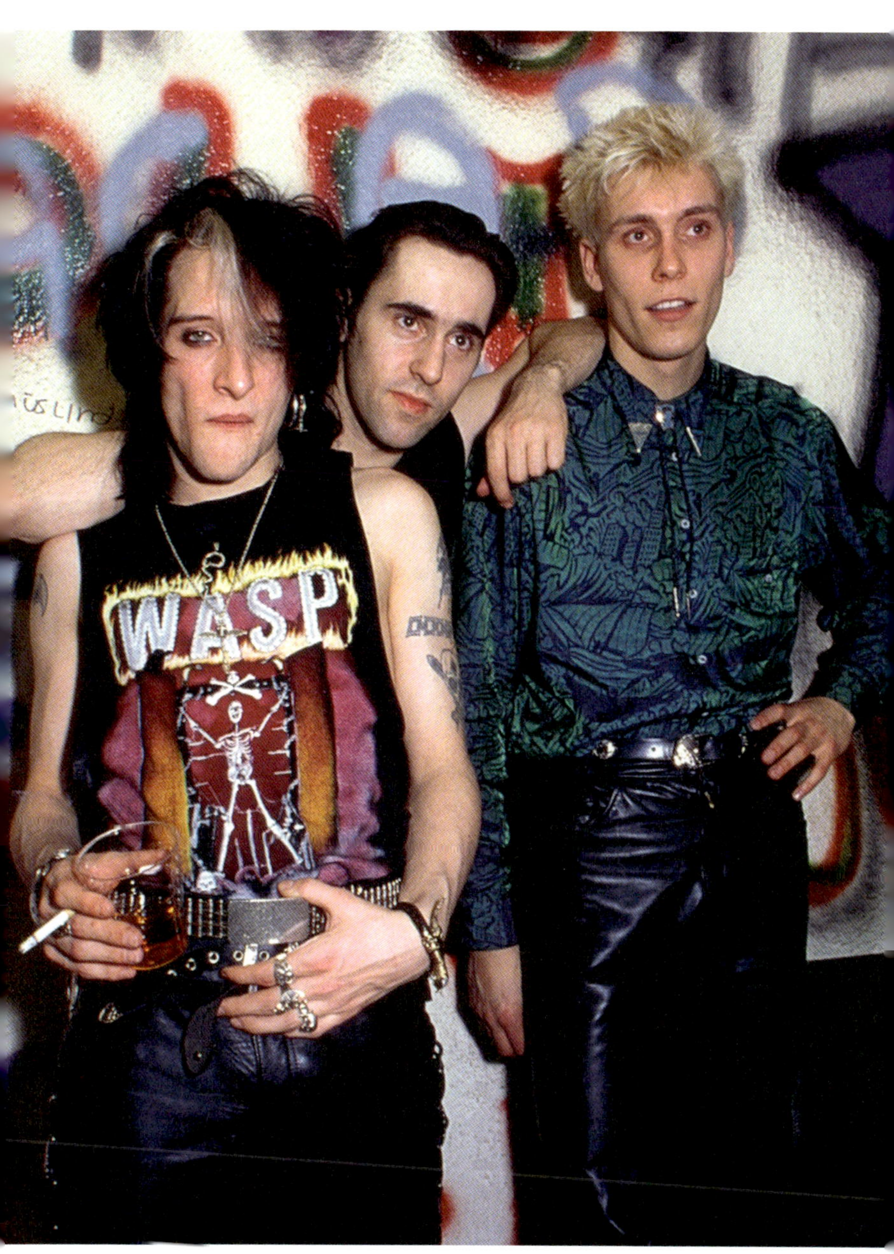

Als eine Bierdose gegen seinen Bass flog,
nahm The Incredible Hagen (Mitte) das sehr persönlich.

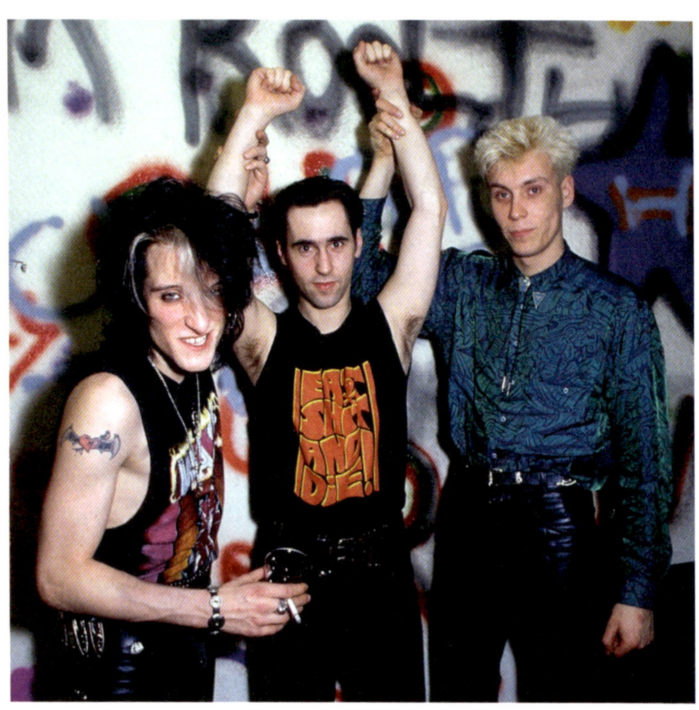

Beim Benefizkonzert für den Wahren Heino im Berliner Tempodrom, der von Heinz Georg Kramm erfolgreich verklagt worden war, weil er dessen Künstlername adaptiert hatte, und eine Geldstrafe wegen Verletzung von dessen Markenrechten zahlen musste, stand The Incredible Hagen erstmals mit Die Ärzte auf der Bühne. Sie mussten nur, wie alle anderen Bands, drei Songs spielen, doch bei dem Kurzauftritt flog prompt eine Bierdose gegen seinen Bass, was er sehr persönlich nahm. Schließlich war seine größte Angst damals, dass die BRAVO wie bei A-ha oder Bros ihre Leser fragen würde, wer das bessere Bandmitglied sei, das alte oder das neue. Zu seiner Erleichterung kam die Teenie-Postille jedoch nie auf diese Idee, und auch eine Unterschriftenaktion, mit der ein Mädchen die Rückkehr von Sahnie durchsetzen wollte, verlief im Sand.

Seine Feuerprobe stand Hagen Liebing da aber noch bevor. Den ganzen November über gingen Die Ärzte und The Subtones zusammen auf Tournee, die unter dem Motto „Boys Want Fun!" stand; so hieß nicht nur die Debüt-LP der Subtones, der Tour-Titel spielte auch auf Cyndi Laupers damaligen Hit „Girls Just Want To Have Fun" an.

The Incredible Hagen fühlte sich von Anfang an wohl in der Band, allein die Ansagen fand er bisweilen so „niveaulos", dass er sich dafür schämte. Und seine schwache Blase sorgte dafür, dass er Bela und Farin schon mal kopfschüttelnd auf der Bühne zurücklassen musste, um sich nicht vor Publikum einzunässen.

Als Bela B und Farin Urlaub sich dann aber in einem Sexshop mit aufblasbaren Gummipuppen versorgten und sie bei einer Zugabe im Arm hielten, war für Hagen Liebing jedoch Schluss mit lustig und er weigerte sich, noch einmal mit einer Sexpuppe auf die Bühne zu gehen. Dass Wonderwanda im Tourbus stets neben Bela saß, musste er jedoch wohl oder übel akzeptieren, auch wenn der nun permanent nach Gummi roch.

Dagegen, auch einen Song zu singen, sträubte er sich jedoch, schließlich hatte er schon genug damit zu tun, gleichzeitig Bass zu spielen und in den Chorgesang einzustimmen. Sein Vorschlag, einen Song der Bangles zu covern, in deren Vorprogramm er mal gespielt hatte, traf bei Bela und Farin aber auf offene Ohren. Zu dritt schrieben sie den deutschen Text zu ihrem ersten Single-Hit: „Gehn wie ein Ägypter".

Bei den Aufnahmen ihres nächsten Albums fehlte The Incredible Hagen aber ebenso im Studio, wie es sein Vorgänger getan hatte. Die Bassläufe der neuen Songs waren ihm wohl zu anspruchsvoll, und da er ja auch noch studierte, hatte er auch nicht die Zeit, sie sich draufzuschaffen. Also wurden sie von Farin eingespielt oder programmiert, der dafür den Sound von Hagens Fender-Bass sampelte.

Für die LP „Ab 18", eine Sammlung aller indizierten und schmuddeligen Ärzte-Songs, die mit der Genehmigung ihrer Plattenfirma CBS beim Indie-Vertrieb EFA herauskam (und sich mehr als 100.000 Mal verkaufte), nahmen sie anschließend noch drei weitere Songs auf, dieses Mal mit Hagen, dem „Claudia II", „Helmut K." und „Sie kratzt, sie stinkt, sie klebt" keine Sorgen bereiteten.

Als Bela B und Farin Urlaub es sich in den Kopf setzten, Die Ärzte auf dem Höhepunkt ihres Erfolges aufzulösen, war The Incredible Hagen einer der ersten, der über diese waghalsige Idee informiert wurde. Obwohl er auf eigenen Wunsch nie ein vollwertiges Mitglied des Trios geworden war und bis zur endgültigen Auflösung noch zwei Jahre ins Land gehen sollten, bedauerte er doch ihre Entscheidung. Schließlich hatten ihm die Auftritte immer mehr Spaß gemacht und er war wirklich ein Popstar geworden.

Nach der Auflösung der Band wurde The Incredible Hagen wieder zu Hagen Liebing, und statt selbst auf der Bühne zu stehen, schrieb er im Berliner Stadtmagazin „tip" oder im „Tagesspiegel" über ehemalige Kollegen. Dass die Wiedervereinigung dann ohne ihn stattfand, wurmte ihn zwar, nachtragend war er jedoch nie. Für das Tribute-Album „GötterDÄmmerung" coverte er 1997 den Ärzte-Song „Für immer". Beim 15-Jahre-netto-Konzert wurde er fünf Jahre später auf die Bühne gebeten, um wie früher den Song „2000 Mädchen" anzusagen. Und als er 2003 sein Tour-Tagebuch aus den Jahren 1986 bis 1988 unter dem Titel „Meine Jahre mit Die Ärzte" veröffentlichte, musste Bela B beim Lesen „oftmals laut lachen" und auch Farin fand es „gelegentlich" lustig. Gleichwohl fiel er bei beiden vorübergehend in Ungnade, weil er zum Teil sehr private Details ausgeplaudert hatte. Für Die Ärzte war das ein „schwer entschuldbarer Vertrauensbruch" und sie warfen ihm vor, „mit Intimwissen Geld gemacht" zu haben. Farin empfand das gar als „Verrat" und war „wirklich sehr sauer" auf ihn. Was aber letztlich nichts daran änderte, dass er die Zeit mit ihm in bester Erinnerung behielt: „Er war damals genau der richtige Mann für den Job – und insgesamt ein Guter."

Musikalisch machte er nur noch einmal von sich reden, als er 2002 eine Benefiz-Single für den Sportverein Tennis Borussia Berlin aufnahm, auf der der Ramones-Song „Blitzkrieg Bop“ zu „TeBe rockt!“ wurde. Von 2003 bis 2010 war er auch für die Presse- und Öffentlichkeitsarbeit des Clubs zuständig.

Mit seiner Frau Anja Caspary, der TV-Moderatorin und späteren Musikchefin von Radio Eins, hatte er zwei Kinder. Nachdem er 2016 an einem Gehirntumor gestorben war, veröffentlichte sie vier Jahre später ihr Buch „In meinem Herzen steckt ein Speer“, in dem sie auch den Tod ihres Mannes thematisierte, mit dem sie 25 Jahre lang zusammen gewesen war.

Die Ärzte verabschiedeten sich von ihm, indem sie ihre Homepage schwarz einfärbten und bekannten: „In einer kurzen, aber nicht unwichtigen Phase seines Lebens war er Bassist der besten Band der Welt. Nie wird jemand den Song ‚2000 Mädchen‘ schöner ansagen können, als er es tat.“

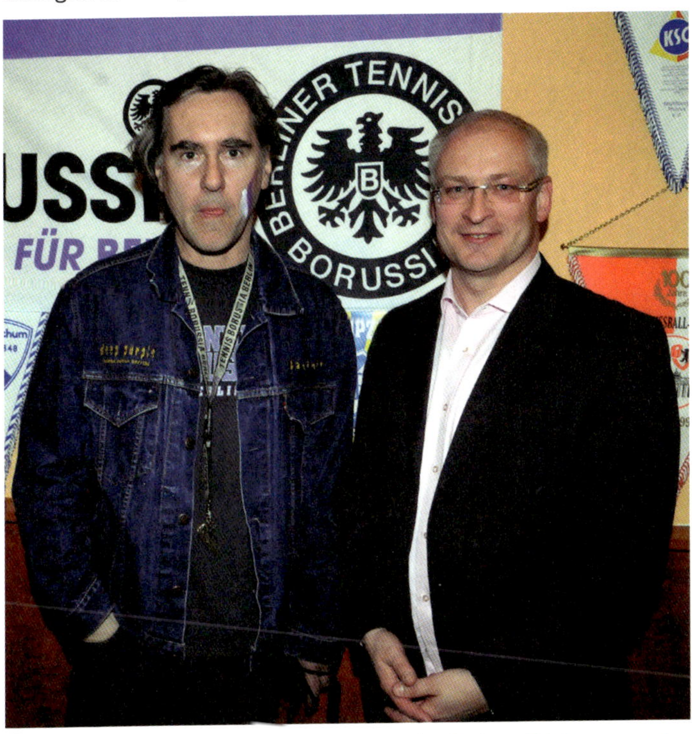

TeBe rockt! The Incredible Pressesprecher

Der dritte Punkt auf dem Ä

Nach ihrer Wiedervereinigung suchten Bela und Farin einen neuen Bassisten, der ebenso für Die Ärzte brannte wie sie und sich keine Hintertürchen offenhalten wollte. Mit Rod fanden sie den dritten Punkt auf dem Ä.

Mit ihren beiden ersten Bassisten waren Bela B und Farin Urlaub nie ganz glücklich gewesen. Während sich Sahnie stets selbst überschätzt und in völliger Verkennung des Machtgefüges in der Band versucht hatte, einen Keil zwischen die beiden zu treiben, waren sie mit The Incredible Hagen alles in allem gut ausgekommen, auch wenn der sich ebenfalls nicht so sehr engagierte wie die zwei Chefärzte und großen Wert darauf legte zu studieren.

Gemeinsam mit seinen Eltern, die Anhänger von Salvador Allende waren, dem sozialistischen Präsidenten von Chile, und seiner Schwester Claudia war der am 19. Mai 1968 in Valparaíso geborene Rod González nach dem Militärputsch am 11. September 1973 aus Chile geflohen und mehr oder minder zufällig in Hamburg gelandet. Nachdem die Familie González monatelang in einem Flüchtlingsheim verbracht hatte, fand sie eine Wohnung im Stadtteil Langenhorn, wo Rod zum Beatles-Fan wurde und sich selbst beibrachte, Gitarre zu spielen.

Weil in Langenhorn nichts los war, nahm seine zwei Jahre ältere Schwester ihn manchmal mit in den Schrebergarten von Rajas, dem Sänger der Hamburger Punk-Band Razzia, wo man Bier trank und sich Platten anhörte. Im Übungsraum von Razzia in der Eppendorfer Gärtnerstraße, den sie sich mit Slime und Big Balls and the Great White Idiot teilten, setzte er sich probehalber mal ans Schlagzeug – und „konnte es sofort spielen". Für Rod war das ein „abgefahrener Moment" und er erkannte: „Was ich mir denken kann, kann ich auch spielen."

Rod González

Im Langenhorner Kiwittsmoorpark hing er mit Musikern von Slime ab, darunter auch deren Gitarrist Michael „Elf“ Mayer, der wie Rod sein Abitur auf dem Heidberg-Gymnasium machte. Als ihm sein Freund Lupo dann eine halbakustische Western-Gitarre schenkte, übte er monatelang darauf, bis ihm die Finger bluteten. Für 300 D-Mark baute ihm schließlich Thomas Harm, heute besser bekannt als Cyan, der auch zu der Clique vom Kiwittsmoorpark gehörte, eine Leoparden-Les-Paul; später konstruierte Cyan auch die Sylt-Gitarren für Rod und Farin Urlaub und stattete Studios für Die Ärzte aus.

In seiner ersten Band spielte Rod jedoch Bass, wurde dann aber ihr Schlagzeuger, als der Drummer das Trio verließ.

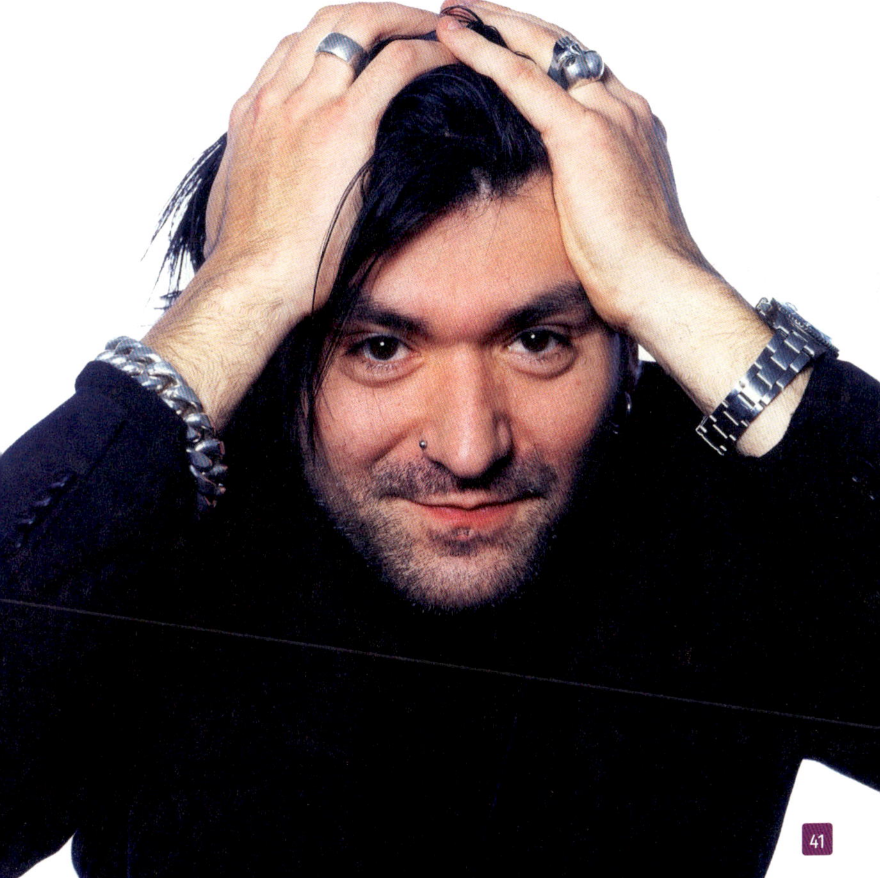

Massaker, die sich selbst als „streng katholische Gospelcombo" bezeichneten und als ihre Idole Ronald Reagan, den Apostel Jeremias und den Rattenfänger von Hameln angaben, machten „ziemlich zornigen Punkrock auf Deutsch und Englisch". Ihre „supersinnlosen Texte" rangierten laut Rod allerdings „auf einer Originalitätsskala ganz weit unten". Nachdem zwei Songs von ihnen auf einem Sampler mit „Waterkant Hits" veröffentlicht wurden, löste sich die Band 1984 auf. Mit seiner Schwester gründete Rod daraufhin die Hardcore-Punkband Die Erben, trat mit ihr aber „aus Scheiß" gelegentlich auch unter dem Namen Calamity Jane und das Country-Duo auf.

Ein Jahr vor dem Abitur erhielt er dann von seinem Musiklehrer ein Angebot, das er nicht ausschlagen konnte: Bass in einer Lehrer-Bigband zu spielen. Es dauerte nicht lange, da wurde er bereits wieder abgeworben, von der Yamaha Bigband, die von der deutschen Jazz-Koryphäe Peter Herbolzheimer dirigiert und von dem japanischen Instrumentenhersteller gesponsert wurde.

Auch diese Episode dauerte indes nicht allzu lange, denn als ein gewisser Beckmann, der mal bei Frau Suurbier Bass gespielt hatte, ihn fragte, ob er nicht mit den Rainbirds als Gitarrist auf eine vom Goethe-Institut organisierte Kanada-Tour gehen wolle, stieg er von heute auf morgen aus der Yamaha Bigband aus.

Nach ihrer Rückkehr stellten die Rainbirds erfreut fest, dass ihr Song „Blueprint" wie ein Blitz eingeschlagen und ihr Debütalbum über Nacht ein Riesenhit geworden war. Rod zog daraufhin nach Berlin, wo Beckmann ihm auch Bela B vorstellte, mit dem ihn schon bald die gemeinsame Liebe zu KISS verband. Bei einem gemeinsamen Auftritt von Die Ärzte und den Rainbirds lernte er schließlich auch Farin kennen, als der ihn bat, ihm die Akkorde von „The Girl from Ipanema" zu zeigen – für Rod, der in einer musikalischen Familie aufgewachsen war und den Bossa Nova mit der Muttermilch aufgesaugt hatte, war das ein Kinderspiel.

Weil Rod und Beckmann noch bei den Rainbirds unter Vertrag standen, durften ihre Namen nicht auf dem Cover von Belas Mini-

LP „S.U.M.P." genannt werden. Dort hießen sie Feelmachine (Rod) und Peacebringer Tank (Beckmann). Mit Bela, Beckmann und seiner Schwester Claudia nahm Rod außerdem die Maxi-Single „Genschman" auf. Die Persiflage des fledermausartigen Superhelden mit den riesigen Lauschern war sozusagen die Platte zum Cartoon, mit dem sich das Satire-Magazin „Titanic" allmonatlich über den deutschen Außenminister lustig machte.

Nachdem sich Depp Jones als Rohrkrepierer erwiesen hatten und ihr Drummer ausgestiegen war, um Heilpraktiker (sic!) zu werden, produzierte Rod das Album „Viva la muerte" der reformierten Slime. Zusammen mit Beckmann nahm er Werbespots für eine Tequila- und eine Wodka-Marke auf. Und gemeinsam mit Droge alias Ralf Goldkind schrieb er einen Songtext, der von dem Troma-Film „The Toxic Avenger" inspiriert war.

Als Die Ärzte ihn als neuen Bassisten requirieren wollten, war er zunächst aber skeptisch: „Im ersten Moment dachte ich, nee, auf keinen Fall. Ich wollte endlich mal anfangen, ein eigenes Ding aufzubauen, statt immer von Bands abhängig zu sein, die sich dann wieder auflösen." Weil Bela ihm jedoch versicherte, dass sie nicht nur die alten Hits spielen wollten, um noch einmal abzukassieren, sondern es um einen totalen Neustart ging, sagte er schließlich zu. Sie einigten sich auf eine einjährige Probezeit, in der beide Seiten herausfinden sollten, ob sie miteinander klarkommen und gemeinsam weitermachen wollen.

Zu einem ersten Härtetest kam es schon bald darauf, als Rod zum ersten Mal Farin daheim besuchte, eine offene Stelle im Zaun seines Anwesens für die Einfahrt hielt und mit seinem Auto den frisch gesäten Rasen pflügte. Die Furchen waren noch Jahre später zu sehen. Die Demos, die Farin ihm vorspielte, bestärkten ihn aber in seiner Entscheidung, ihr dritter Mann zu werden.

Schon bald war klar, dass Bela und Farin mit Rod den idealen Bassisten gefunden hatten. Ende 1993 wurde Rod González schließlich auch vollwertiges Mitglied der besten Band der Welt, deren erstes Album nach der Wiedervereinigung auf Platz 2 der Albumcharts gelandet war.

Ihr nächstes Album „Planet Punk“ begann somit auch mit einer charmanten Selbstbeweihräucherung, dem Song „Super Drei“.

Zum 29. Geburtstag erhielt Rod zudem ein ganz besonderes Geschenk von Bela und Farin – einen eigenen Fanclub, die von KISS inspirierte Rod Army.

Als Die Ärzte Jahre später ihr Unplugged-Album „Rock'n' Roll-Realschule“ aufnahmen, kam es zu einem Wiedersehen mit seinem ehemaligen Musiklehrer Jochen Arp, der inzwischen am Hamburger Albert-Schweitzer-Gymnasium tätig war. Gemeinsam tüftelten sie die Arrangements der Songs aus, was laut

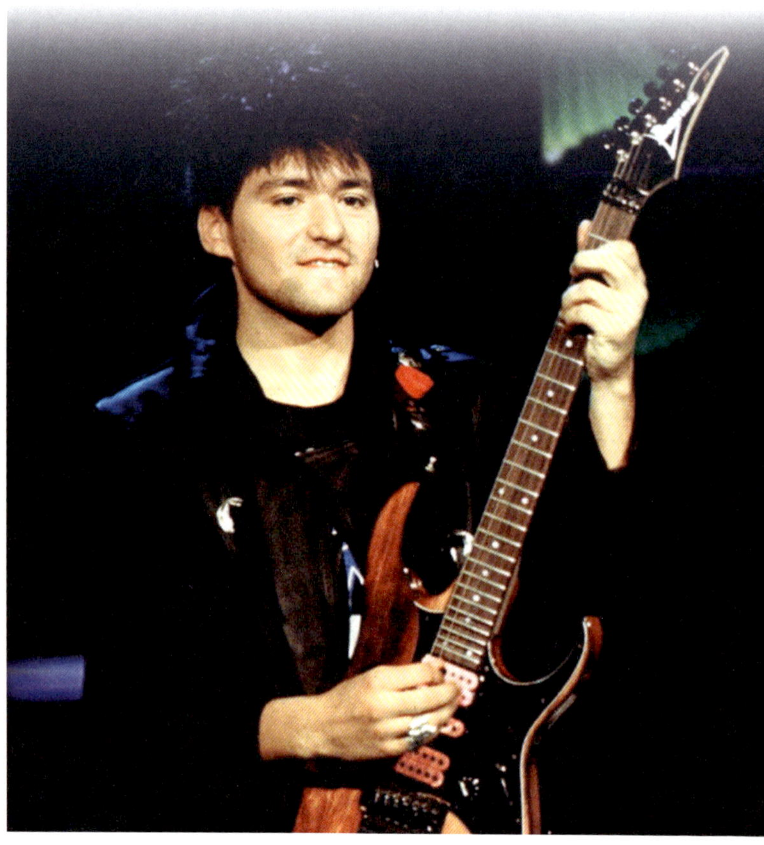

Arp „unglaublich effektiv und schnell vonstatten“ ging und einmal mehr zeigte, wie wichtig Rod für die beste Band der Welt geworden war.

Ein Traum ging für ihn hingegen in Erfüllung, als er mit Die Ärzte im Rahmen einer kleinen Südamerika-Tournee 2004 auch in seiner Geburtsstadt Valparaíso auftrat. Weil sie dort einen Lastenaufzug benutzten, um auf die Bühne zu gelangen – eine Idee, auf die bis dahin noch keine Band gekommen war –, wurde er bei Besuchen in Chile noch Jahre später darauf angesprochen: „Ihr wart doch die Spinner, die mit dem Aufzug auf die Bühne kamen.“

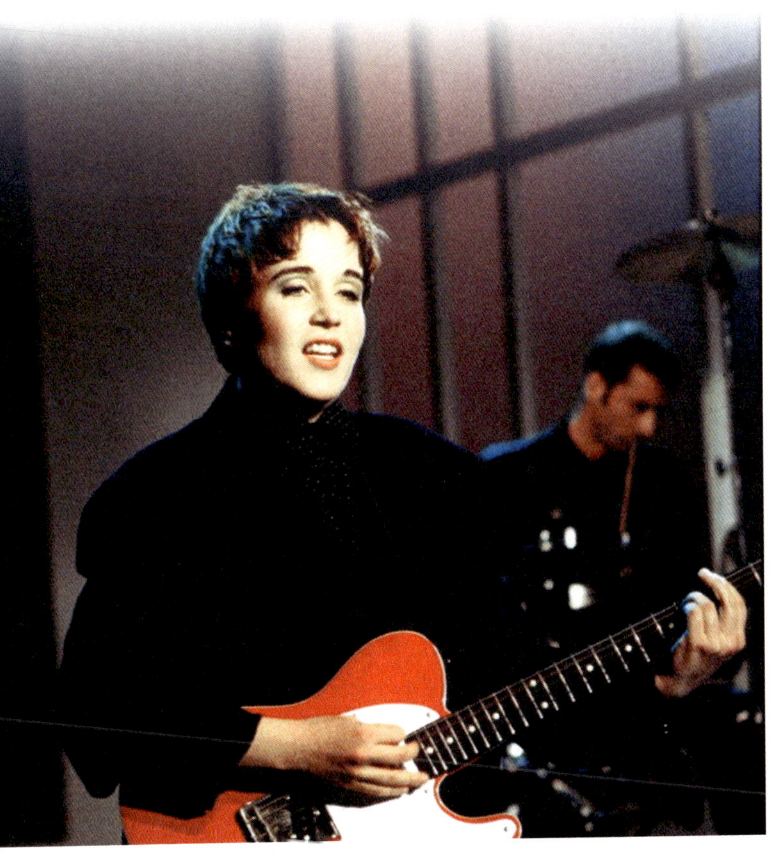

Ein Erfolg, mit dem niemand gerechnet hatte – Rod und Katharina Franck von den Rainbirds.

In der Bundesrepublik machen alle gern Musik

Im Verlauf ihrer Karriere haben Die Ärzte bereits mit vielen illustren Leuten zusammen Musik gemacht – mit manchen aber auch nicht.

Ursprünglich sollte **Max Müller** von den Honkas bei Belas und Farins erster Band Soilent Grün singen. Doch der spätere Gründer der Avantgarde-Band Mutter erschien nicht zur Probe für ihr erstes Konzert, obwohl er und Bela sich im elterlichen Wohnzimmer „die Vollstarken“ auf die Arme tätowiert hatten.

Der Schlagzeuger von Squealer, einer weiteren Berliner Band, ein gewisser **Dr. Motte**, hätte hingegen gern bei Soilent Grün als Percussionist mitgemacht. Da Bela jedoch bereits Schlagzeug spielte, wurde nichts daraus, sodass er genügend Zeit hatte, um die „Love Parade“ zu initiieren.

Auf dem zweiten Album von Die Ärzte, „Debil“, waren jedoch erstmals Gastmusiker zu hören: **Axel Knabben**, der seit seiner Hochzeit Axel Schulz heißt und nach der Wiedervereinigung ihre Managerin wurde, und **Markus Türk** von Family 5 wurden als Bläser für den Song „Rennen nicht laufen!“ ins Studio geholt, und **Nena** hauchte für „Du willst mich küssen“ eine Zeile auf Band: „... mh, am besten heute Nacht“.

Damals profitierten Die Ärzte sehr von den Connections ihres Managers Jim Rakete, der auch Spliff, den Nachfolger der Nina Hagen Band, unter seinen Fittichen hatte. Deren Bassist **Manne Praeker**, der ihr nächstes Album produzierte, spielte dafür alle Bässe ein, und der Spliff-Keyboarder **Reinhold Heil** ergänzte den Song „Sweet Gwendoline“ durch sein Orgelspiel.

Manne Praeker (r.) und Reinhold Heil (l.) von Spliff veredelten „Sweet Gwendoline“.

Den einstigen UFA-Star **Ilse Werner** kannte Bela B noch von seiner Oma, sodass er sich ein Autogramm von ihr für seine Eltern geben ließ, als die den Refrain von „Ohne Dich" für sie im Studio pfiff. Das Autogramm behielt er dann aber selbst.

Nach ihrer Wiedervereinigung beömmelten Farin und Bela sich so sehr, als sie **Heinz Strunks** Debüt-CD „Spaß mit Heinz" hörten, dass sie ihn daheim in Hamburg-Harburg besuchten und ein paar Statements von ihm für ihren Song „Gehirn-Stürm" aufnahmen.

Für „Nazareth", ihr Lied über Popel, griff wiederum der Silly-Keyboarder **Rüdiger „Ritchie" Barton** in die Tasten und spielte die Miss-Marple-Melodie auf einem Spinett. Und **Brezel Göring** von Stereo Total begleitete sie auf der Orgel, als sie die Kaffeepause einer Tagung des Metronome-Vertriebs mit einem Schlager-

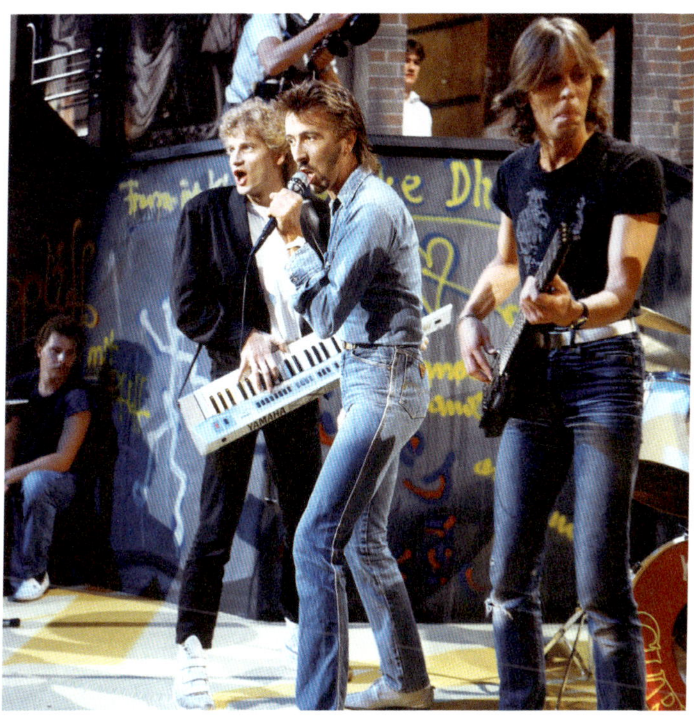

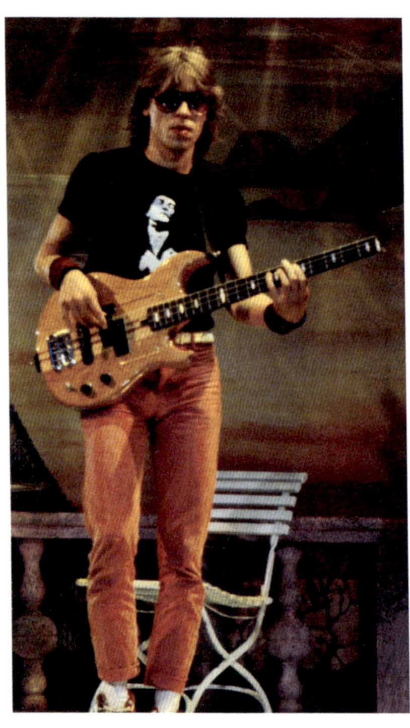

Manne Praeker produzierte nicht nur Die Ärzte, sondern spielte auch alle Bässe ein.

Potpourri aufmischten, darunter auch Marc Andrés „Wenn du das Hasch nicht brauchst“ und Rita Pavones „In der Bundesrepublik machen alle gern Musik“.

Knut Bewersdorff, der Gitarrist von Truck Stop, erschien in voller Cowboy-Montur im Studio, um die Hit-Single „Goldenes Handwerk“ mit einer Slide-Gitarre zu veredeln. **Götz Alsmanns** Rumba-Version von „Punk ist ...“ wurde zwar nicht wie geplant auf ihrem Album „13“ veröffentlicht, weil eine Version Hamburger Jazz-Studenten „viel weiter weg“ von Die Ärzte war, dafür aber wenigstens auf der B-Seite einer daraus ausgekoppelten Single.

Gunter Gabriel blieb für Belas Geschmack jedoch „ein bisschen zu lange“ im Studio, nachdem er für einen vierstelligen Betrag das Intro von Farins Song „Besserwisserboy“ gesprochen hatte, das von seinem berühmtesten Satz, „Hey Boss – ich brauche mehr Geld“, inspiriert war.

Im Video-Clip zu „Goldenes Handwerk“ ist auch ganz kurz der Schauspieler **Ben Becker** zu sehen, den Die Ärzte zufällig am Flughafen trafen, als sie zu den Dreharbeiten in Ungarn anreisten. Becker ließ sich jedoch nicht abwimmeln und mimte ein paar Sekunden lang einen Bargast. Als in der Strip-Bar eine Szene mit halbnackten Statistinnen gedreht wurde, blieb er einfach sitzen und trank ein Bier nach dem anderen, sodass er bei Drehschluss sternhagelvoll war und gestützt werden musste. Allein **Die Wildecker Herzbuben** sagten „nach Kenntnisnahme des Textes" ihres Volksliedes „Wenn es Abend wird" per Fax ab.

Auch solo ließ Bela B sich gerne unterstützen und sang Duette u.a. mit **Lee Hazlewood, Emanuelle Seigner, Charlotte Roche, Jasmin Tabatabai** und **Heike Makatsch**.

„Besonders schlimm" fand Bela B es nur, dass Farin es ablehnte, am Ende ihrer Comeback-Tour **Dee Dee Ramone** in Hamburg auf die Bühne zu holen, der unbedingt einen Song mit ihnen spielen wollte; Farin zufolge war das Publikum „ohnehin schon durch" und ungeprobt hätten sie „wahrscheinlich nicht gerade eine Spitzenzugabe abgeliefert – meiner spießigen Meinung nach".

Auch Rod fand das schade, freute sich aber am nächsten Abend umso mehr, als Dirk, Eddie und Elf von **Slime** die Bühne enterten, mit ihnen eine Blues-Version des Slime-Songs „Polizei-SA-SS" sangen und ihnen signierte Baseballschläger überreichten: „Das war ihr persönlicher Ritterschlag für uns."

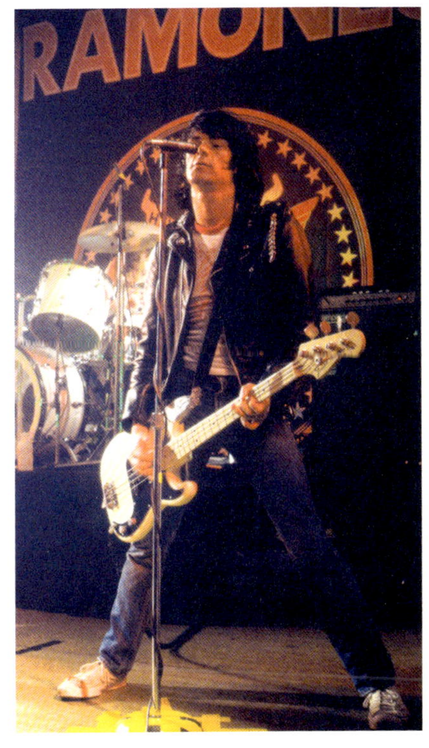

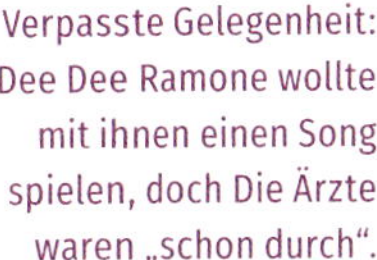

Verpasste Gelegenheit: Dee Dee Ramone wollte mit ihnen einen Song spielen, doch Die Ärzte waren „schon durch".

Ich hab' Udo Lindenberg die Beine amputiert

In der Frühphase von Die Ärzte hatten Farin Urlaub und Bela B die „fixe Idee", einen Ausflug in den Bereich der Avantgarde-Musik zu unternehmen.

Zu Beginn ihrer Karriere hörten Bela und Farin viel Weltuntergangsmusik und „wollten mal sehen, ob wir so was auch hinkriegen". Unter dem Namen Die diabolischen Zwei traten sie im Berliner Kulturzentrum Kuckuck auf und schockierten das Publikum, indem Bela Fragmente aus okkulten Schriften sang und Farin Schillers „Glocke" rezitierte, was sie zuvor „extra nicht" geprobt hatten.

Etwas später legten sich die beiden die Künstlernamen John Ulkig und Charly Pulkig zu und nahmen als Die Ulkigen Pulkigen vier Songs auf, von denen drei sogar veröffentlicht wurden: „Die Einsamkeit des Würstchens" und „Ekelpack" erschienen auf dem Sampler „Pesthauch des Dschungels" (und später auch auf „Die Ärzte früher!"), wobei einem populären Irrtum zufolge als Interpreten von „Ekelpack" Die Geilen Greise angegeben wurden und der Song angeblich auch mal anders hieß: „Ich hab' Udo Lindenberg die Beine amputiert". Ihre, nun ja, etwas „eigenwillige" Version des Beatles-Hits „Help" wurde hingegen auf dem Kassetten-Sampler „Sleep" des Extrabreit-Managers Jörg A. Hoppe veröffentlicht, der von Hagen nach Berlin umgezogen war und damit seinen Einstieg in die dortige Szene feierte. Als Bela und Farin sich selbst als Urheber dieser Version von „Help" bei der GEMA ausgeben wollten, bot ihnen der Musikverlag der Fab Four die Rechte jedoch für 300.000 Pfund zum Kauf an, sodass nichts daraus wurde.

Für ein Album, mit dem der leidlich bekannten Hamburger Band Prollhead Tribut gezahlt werden sollte, nahmen wiederum Bela und Rod unter dem Projektnamen Zwei fickende Hunde das Hörspiel „Die Sage vom wahren Metall" und den Kämpfern dafür" und den Song „Zeitmaschine" auf. Für die Release-Party des Samplers zwängten die beiden sich in Ritterkostüme und spielten auf ihren Holzschwertern zum Vollplayback Gitarre.

Während Farin in der Kalahari-Wüste Feuerholz sammelte, starteten Bela und Rod immer wieder neue Projekte, als müssten sie die Zeit überbrücken, in der Farin im Urlaub war. Zusammen mit der Redaktion der Satire-Zeitschrift „Titanic" produzierten sie „Genschman", eine höhnische Hommage an den „mit den Ohren" (Herbert Wehner), Außenminister Hans-Dietrich Genscher.

Als würde er unter dem ADHS-Syndrom leiden, spielte Bela zusätzlich in Bands wie Frau Suurbier, Hussi und die Fickboys oder Soldiers of Fortune und nahm Platten mit PVC, Sodom, dem Projekt S.U.M.P., dem Scharfdichter Wiglaf Droste, dem King Rocko Schamoni und der VIVA-Moderatorin Heike Makatsch auf. Und als er den Gitarrenlehrer seines Sohnes kennenlernte, trat er schon bald darauf sogar mit dessen Klezmer-Band Danube's Banks auf.

Rod wiederum ging einige Male mit der Hamburger Punkband Abwärts auf Tour und veröffentlichte auf seinem Label RodRec Platten von Der Fall Böse, Rantanplan oder Smokestack Lightnin'. Gemeinsam mit dem Gitarristen Gary Schmalzl nahm er 1995 unter dem Namen Brett ein Remake von Carl Douglas' altem Hit „Kung Fu Fighting" auf. Und während der „Rauf auf die Bühne, Unsichtbarer!" Tournee erschien seine erste Solo-Single. Mit „I'll Fight Hell to Hold You" hatte er aus einem KISS-Song eine Disco-Nummer gemacht, von der Bela und Farin erst erfuhren, als ein Video-Clip dazu erschien.

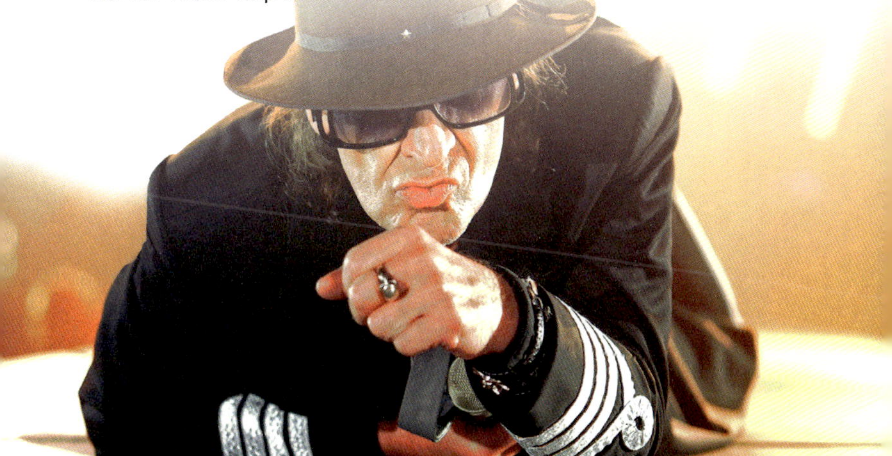

Die Ärzte. Eine Zeitreise

1962 Dirk Albert Felsenheimer und seine Zwillingsschwester Diana werden am 14.12. in Spandau geboren.

1963 Jan Ulrich Max Vetter kommt am 27.10. in Berlin-Moabit zur Welt.

1968 Rodrigo „Rod" Andrés González Espíndola wird am 19.5. in Valparaíso, Chile, geboren.

1980 Bela B und Farin Urlaub lernen sich im Ballhaus Spandau kennen.

1982 Letzter Auftritt von Soilent Grün beim Tanz in den Mai im SO36. Außerdem spielen die Toten Hosen und eine KISS-Coverband, zu der auch Der wahre Heino gehört.
Am 26. September treten Die Ärzte erstmals live auf – im Kreuzberger Besetzereck.

1983 Die Ärzte gewinnen am 5.11. den Rockwettbewerb des Berliner Senats.

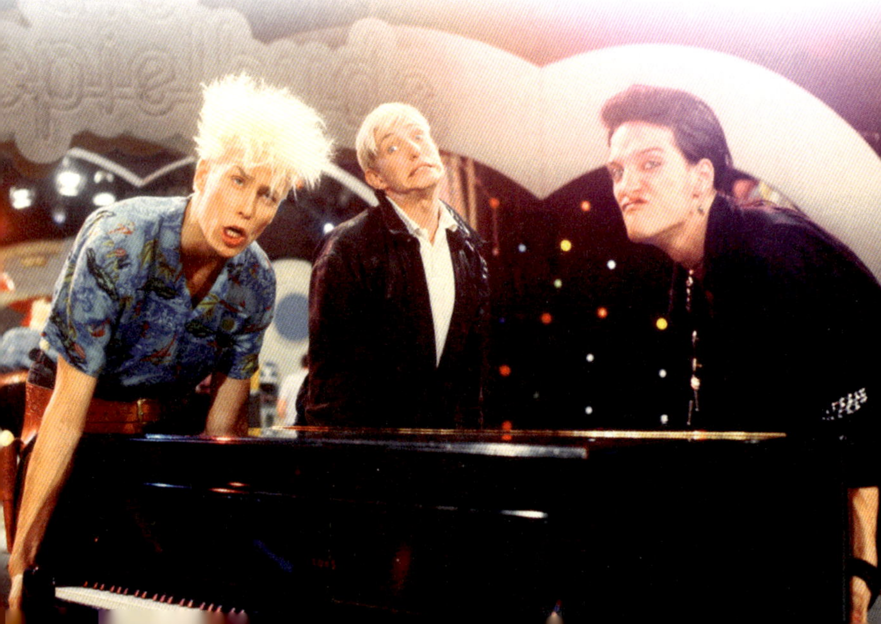

Bei einem Benefizkonzert für den wahren Heino treten Die Ärzte am 18.10. erstmals mit ihrem neuen Bassisten The Incredible Hagen auf. 1986

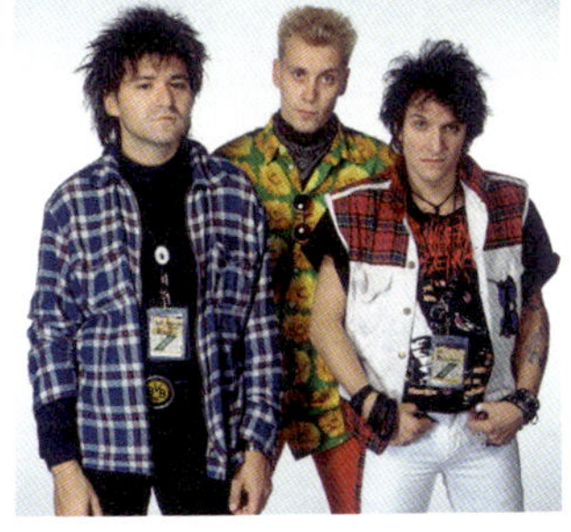

Die Ärzte spielen am 9.7. in Westerland auf Sylt und lösen sich auf. Als „beste Rock-Gruppe des Jahres" werden sie Ende des Jahres mit dem Goldenen Otto der Jugendzeitschrift BRAVO ausgezeichnet. 1988

Der private TV-Sender Tele 5 überträgt am 19.5. eine Abschiedsparty von Die Ärzte. Die BRAVO kürt sie zur „Band des Jahres". 1989

Im September veröffentlichen Die Ärzte ihre erste Single nach der Wiedervereinigung: „Schrei nach Liebe". Am 29.10. treten sie im Bielefelder Club PC69 erstmals live mit Rod auf. 1993

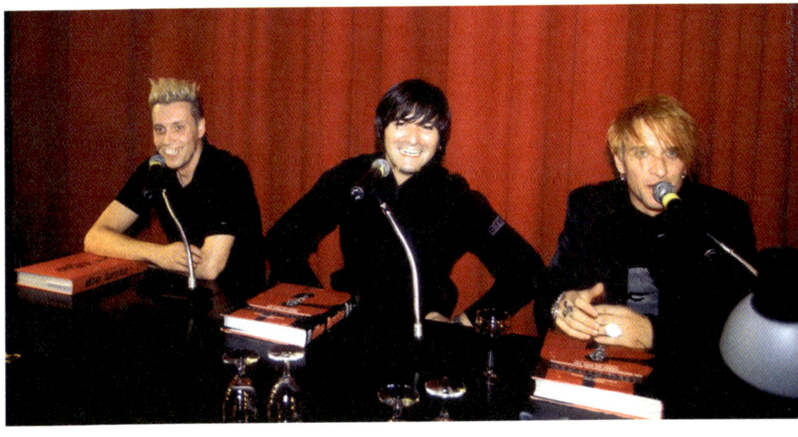

Am 13.9. gehen Die Ärzte auf eine Lesereise und stellen in Multiplex-Kinos ihre offizielle Band-Biografie „Ein überdimensionales Meerschwein frisst die Erde auf" vor. 2001

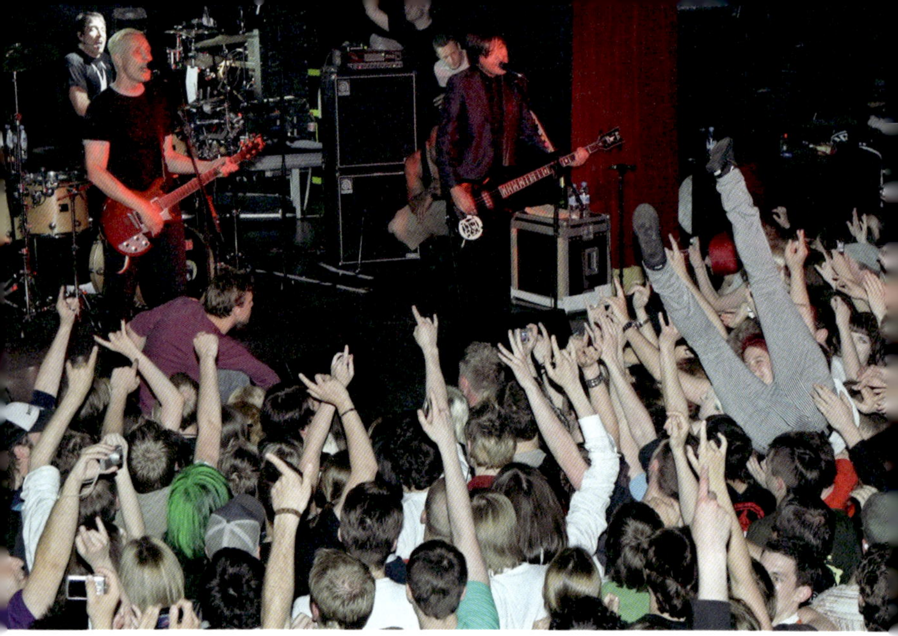

2002 Mit dem Brettspiel „Monsterparty“ werden BelaFarinRod zu Gegenspielern von Graf Dracula. Es gibt Ereignisfelder mit Sweet Gwendoline, der fetten Elke und der Bestie in Menschengestalt. Wer als Erster in den Sarg des Grafen kotzt, gewinnt. Die Ärzte gehen mit den Garlic Boys auf Club-Tour durch Japan, feiern am 21.6. auf dem Kreuzberger Mariannenplatz ihr 15-jähriges (netto) bzw. 20-jähriges (brutto) Bestehen und zeichnen am 31. August ein Konzert für „MTV Unplugged“ auf.

2003 Auf ihrem Album „Geräusch“ prangen zum ersten Mal der von Schwarwel entworfene neue Schriftzug mit den drei Punkten auf dem Ä und der Hinweis „Wie immer: Ohne Kopierschutz“.

2004 Bela, Farin und Rod gehen in Chile, Uruguay und Argentinien auf Tournee.

2005 Das einst indizierte Album „Debil“ wird unter dem Titel „Devil“ wiederveröffentlicht.

Statt ihr neues Album mit Bonus-Tracks und Remixen aufzuwerten, führen Die Ärzte das Downsizing ein. Auf der „Es wird eng“-Tournee bieten sie auch eine Economy-Version ihres Albums „Jazz ist anders“ an, eine bewusst schlechtere und preislich billigere Aufnahme nach dem Motto „Wenig Geld für wenig Gutes“. 2007

Die Ärzte starten ihre „Jazzfäst“-Tournee im Moskauer Apelsinclub und werden als World’s Best Selling German Artist mit einem World Music Award ausgezeichnet. 2008

Nach einem Konzert in Linz verkaufen Die Ärzte erstmals USB-Sticks in Gwendoline-Form, die den soeben beendeten Auftritt konserviert haben. 2009
Anlässlich eines Auftritts auf dem Jazz-Festival in Montreux treffen sie den Regisseur Roman Polanski in dessen Haus am Genfer See.

Unter dem Namen Laternen-Joe gehen Die Ärzte erstmals seit acht Jahren wieder auf Club-Tour und spielen im Vorprogramm von Bonaparte. 2011
Im Dezember geben sie in der Dortmunder Westfalenhalle je ein Konzert nur für Männer und Frauen.

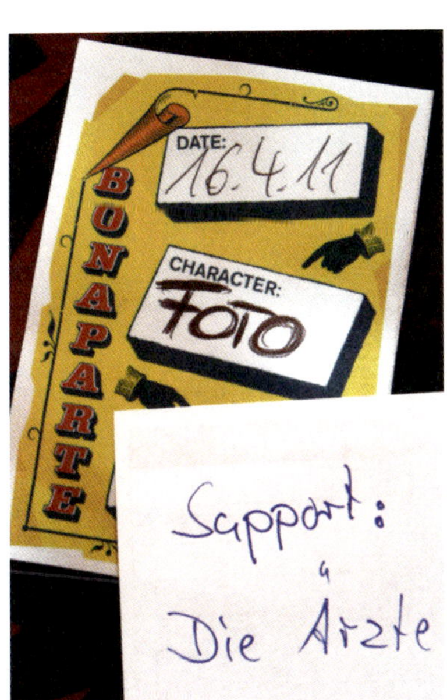

2013 Am 1.9. findet das vorerst letzte Konzert von Die Ärzte statt.

2015 Dank der Aktion Arschloch landet „Schrei nach Liebe“ 22 Jahre nach seiner Erstveröffentlichung auf Platz 1 der deutschen Single-Charts.

2016 Auf dem Festival „Jamel rockt den Förster“ treten Bela, Farin und Rod erstmals wieder zusammen auf.
Hagen Liebing stirbt am 25.9. an einem Hirntumor.

2018 Die Ärzte veröffentlichen ihr Gesamtwerk auf 33 Audio-CDs und in 11 Büchern mit Demos und Bonusmaterial unter dem Titel „Seitenhirsch“.

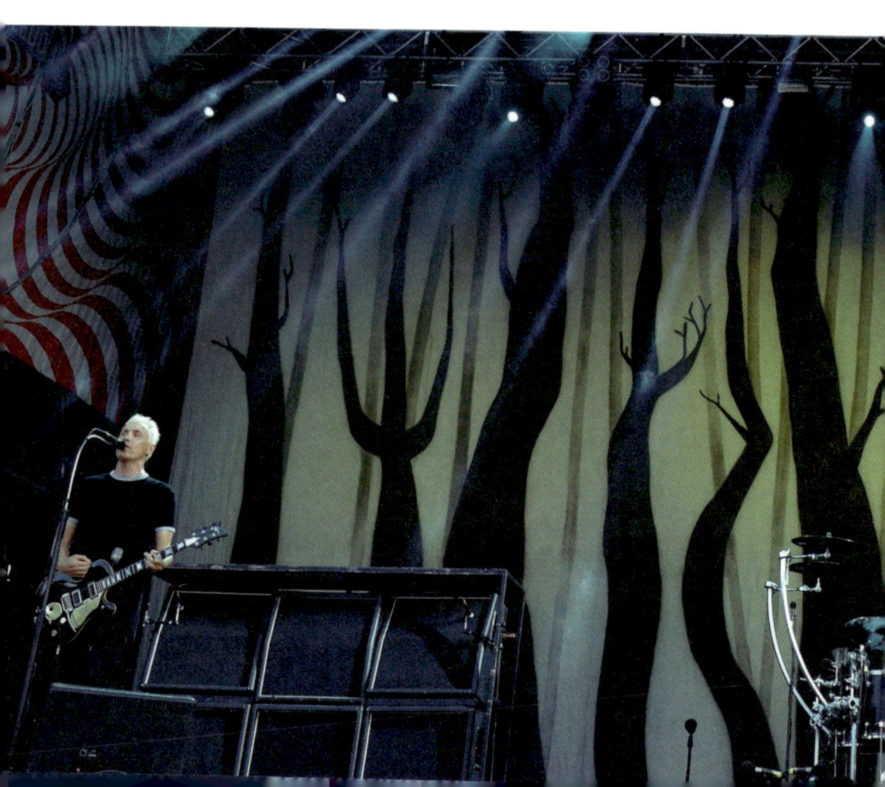

Allen Trennungsgerüchten zum Trotz veröffentlichen 2019
Die Ärzte die Mini-EP „Drei Mann – Zwei Songs“ und gehen auf „Miles&More“-Europatournee, in deren Rahmen sie in zehn Clubs in zehn Ländern auftreten.

Am Abend der Veröffentlichung ihres vierzehnten Studio- 2020
albums mit dem Titel „Hel“ treten Die Ärzte am 23. Oktober 2020 als erster Musikgast überhaupt in den „Tagesthemen“ der ARD auf. Dort spielen sie nicht nur live eine Version der „Tagesthemen“-Melodie, sondern sagen auch das „Ärzte Deutsche Fernsehen“ mit den „Tagesthemen“ und Ingo Zamperoni an.

Am 24.9. erscheint mit „Dunkel“ ihr fünfzehntes Studioalbum. 2021
Wegen der Corona-Pandemie muss die Tournee „In The Ä Tonight“ jedoch abgesagt werden.

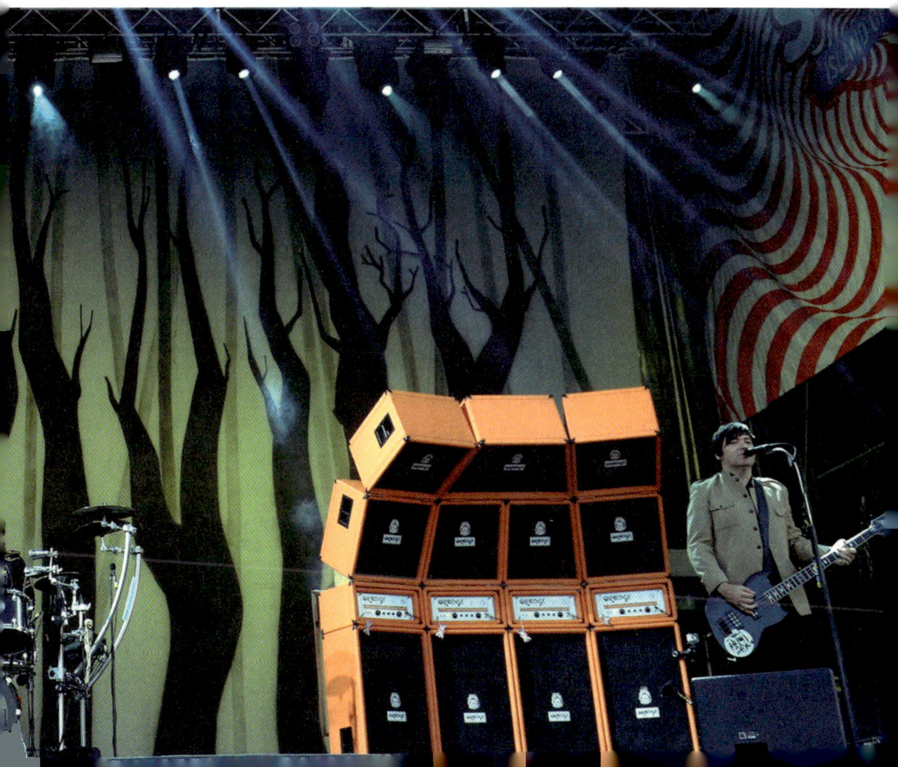

Multi-instrumental

Ihren ersten Verzerrer klauten Die Ärzte der Band The Wirtschaftswunder, die einen Szene-Hit gelandet hatte, der auf der Melodie der Fernsehserie „Der Kommissar“ basierte. Farin Urlaub benutzte den Tube Screamer live für ihren Song „Käfer“ – bis das Effektgerät auch ihm geklaut wurde ...

Als Bela B Jahre später Tom Dokoupil, dem ehemaligen Gitarristen der aus Limburg stammenden Band, den Diebstahl gestand, nahm der es ihnen jedoch keineswegs übel, sondern fand es eher lustig.

Auch sonst benutzten Die Ärzte live oder bei Tonaufnahmen so ziemlich alles, was nicht niet- und nagelfest war. Ihren Song „B.S.L.“ unterlegten sie im Studio mit den Geräuschen eines Staubsaugers, weil er ihnen ohne Lärm „einfach zu clean“ klang. Für die Maxi-Version von „Zu spät“ hatten sie einst das Laden eines Gewehrs simuliert, indem sie den Warenschacht eines Cola-Automaten, der sich im Foyer des Studios befand, schnell öffneten und gleich wieder schlossen. Und für Farin Urlaubs Hommage an Gloria Estefan, „Meine Ex(plodierte Freundin)“, griff der Schriftsteller und Gelegenheitsmusiker Heinz Strunk („Fleisch ist mein Gemüse“) sogar zur Querflöte.

Berührungsängste, was das Benutzen eher untypischer Instrumente für eine Punk-Band betraf, hatten sie jedenfalls nie. Bei den Aufnahmen für ihr „MTV Unplugged“-Album zupfte Farin Urlaub ihre Skiffle-Version von „Kopfhaut“ standesgemäß auf einem Banjo, während Rod González einen Besenstiel-Bass bediente und Bela B mit einem Waschbrett und einer Fahrradhupe für den Beat sorgte. Für ihre Anti-Drogen-Hymne „Lieber Tee“ griff Rod González zur Sitar, begleitet vom Percussionisten Markus Paßlick auf indischen Tablas. Bei „Is ja irre“ hämmerten

Jethro Tull lässt grüßen – Heinz Strunk

Die Ärzte nach einem Trompeten-Intro „wie die Berserker“ auf Vibrafonen herum. Bei „Bitte, bitte“ hauten sie wie die Einstürzenden Neubauten auf Bleche, Kanister und Ketten ein, während die Harfenistin Christine Pemsl im Refrain des eigentlich komplett elektronischen Synthie-Songs eine Blattsäge mithilfe eines Violinbogens zum Singen brachte. Sogar eine Maultrommel und eine Nasenflöte kamen in der Rock'n'Roll-Realschule zum Einsatz. Und am Ende von „WAMMW (Wenn alle Männer Mädchen wären)“ spielte Bela B einen Ton „auf dem wohl schwierigsten Instrument, das man sich vorstellen kann“ – der Triangel.

Unter all den Gitarren, die Die Ärzte im Laufe der Zeit einsetzten, stechen vor allem drei hervor: die eigens für Farin und

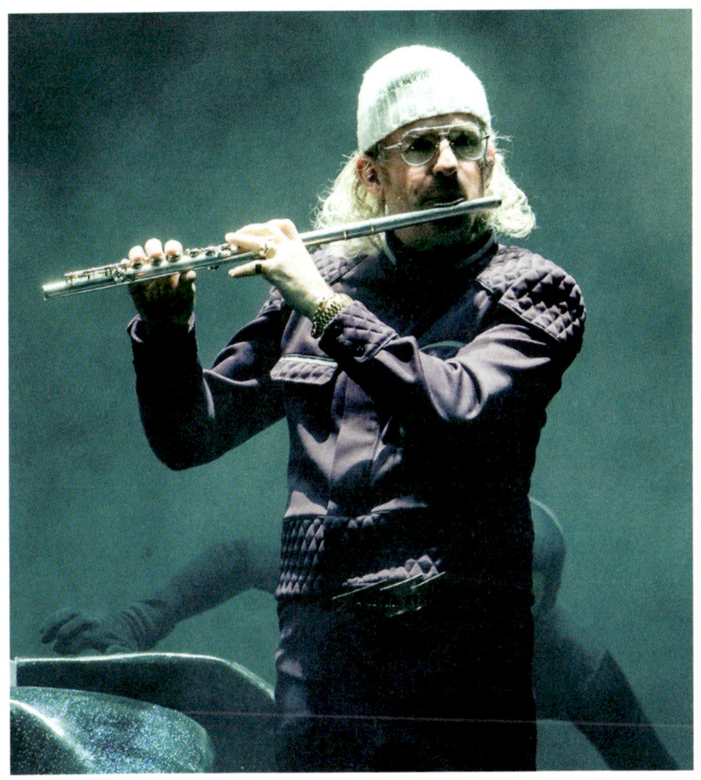

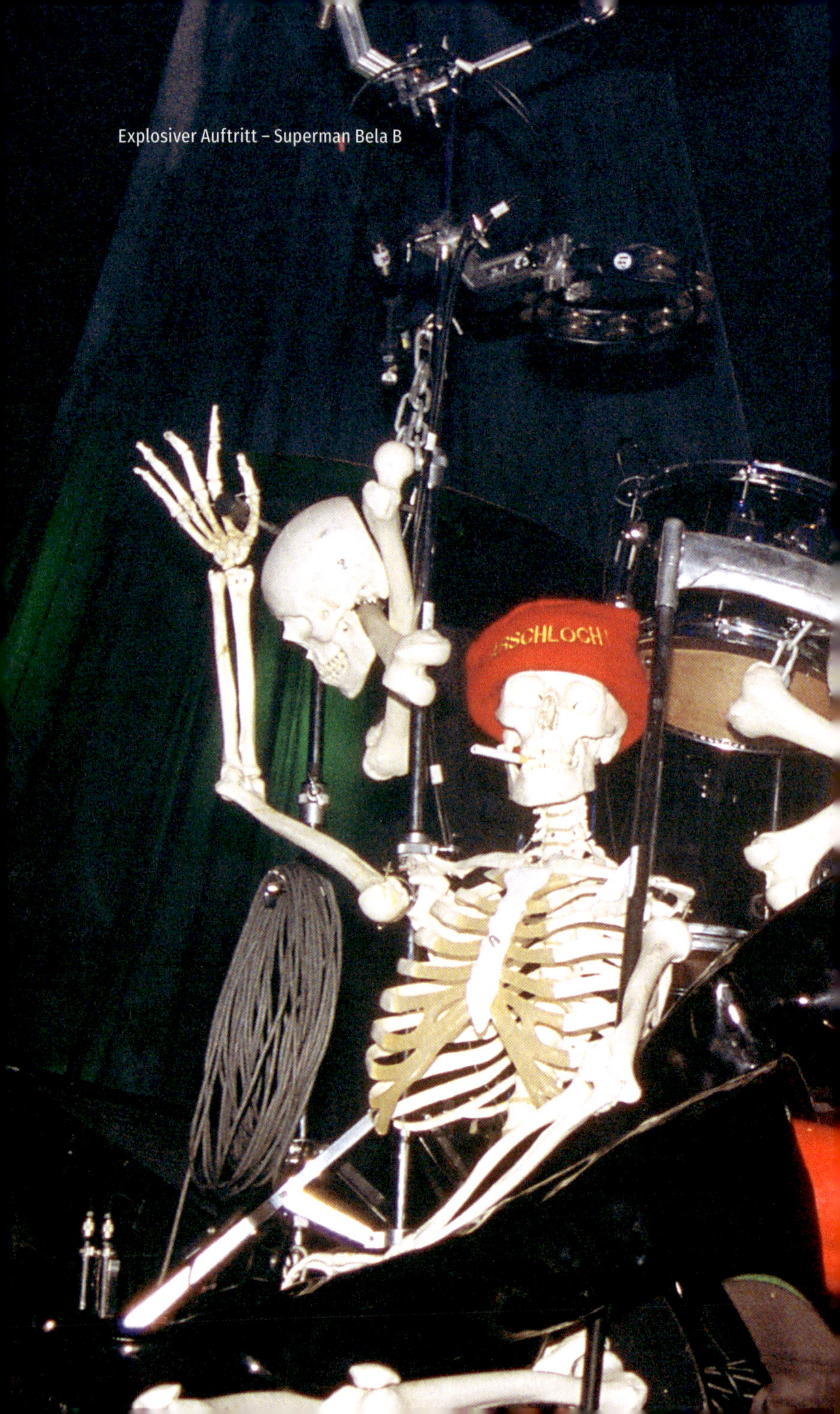

Explosiver Auftritt – Superman Bela B

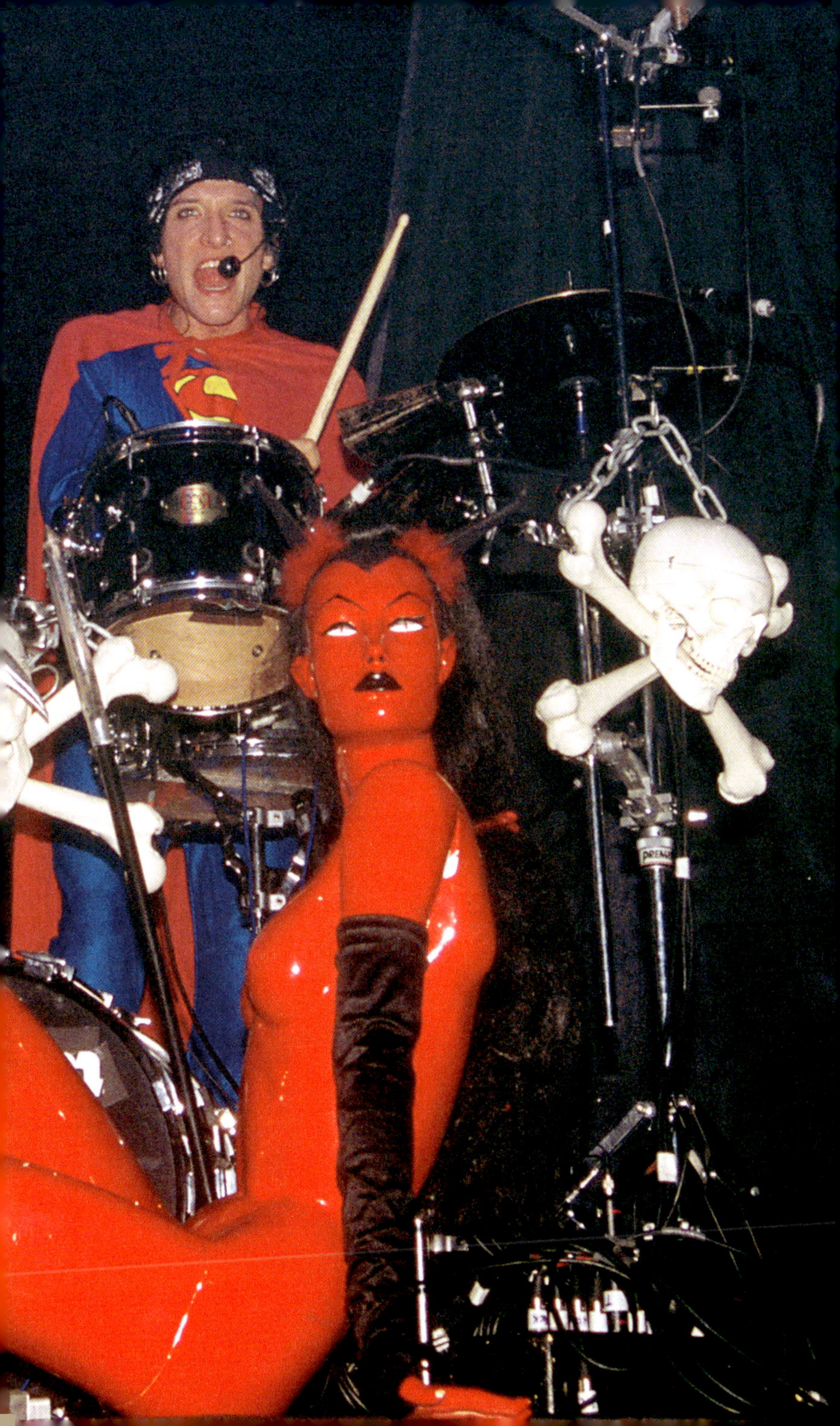

Rod angefertigten Westerland-Gitarren in Form der Nordseeinsel Sylt, eine von Thomas Harm gefertigte Gitarre in Form eines Tennisschlägers, die für Farin Urlaub eine Reminiszenz an seine Jugend war, als er mit einem Federballschläger Gitarristen imitiert hatte, und eine Gitarre in Axtform, wie sie Gene Simmons von KISS spielte, die sich der KISS-Fan Bela B 1983 vom Preisgeld des Berliner Senatsrockwettbewerbs zulegte.

Für ihre Tournee „Eine Frage der Ehre“ ließ sich Rod González 1995 von Harm einen herzförmigen Bass bauen, der von innen beleuchtet war – allerdings bereits beim Tour-Auftakt einen Defekt hatte und Rod bis zum Ende der Tour Probleme bereitete. Irgendwann auf dieser Tour hatte er die Faxen dicke und jagte 220 Volt direkt in den Bass. Sein Backline-Roadie warnte ihn zwar davor, weil das zu gefährlich sei, doch „das Scheißding hat endlich mal geleuchtet“.

Nicht nur zur Erheiterung des Publikums greift Farin Urlaub gelegentlich zur Ukulele. Es gibt sogar eine spezielle Version der kompletten Sammlung aller Songs der besten Band der Welt für Ukulele, für die er das Vorwort verfasst hat.

Dass Bela B Standschlagzeug spielt, verdankt er seiner Vorliebe für die Rockabilly-Band Stray Cats. Das kannte man zwar zu NDW-Zeiten bereits vom Trio-Schlagzeuger Peter Behrens, Bela B sattelte jedoch erst um, nachdem er Slim Jim Phantom darauf im Berliner Live-Club Quartier Latin spielen gesehen hatte.

Auf der 1995er Tournee spielte er auf einem Drumset, das mit einer nackten Teufelin, einem Skelett und Totenköpfen verziert war und beim Song „Ist das alles?“ hydraulisch hochgefahren wurde wie Herman „the German“ Rarebells Schlagzeug bei einem Scorpions-Konzert. Die Decke über der Bühne im Hamburger Reeperbahn-Club Große Freiheit war dafür jedoch dummerweise zu niedrig, sodass Bela B gebückt weiterspielen musste. Zu allem Überfluss gab es am Ende des Songs auch noch eine Explosion am Schlagzeug, woraufhin er erst einmal verschwand. „Spinal Tap“ ließ grüßen: „Wir waren wieder mal die Parodie einer Rockband.“

Aktion Arschloch

Bis zu ihrer Wiedervereinigung galten Die Ärzte als Fun-Punk-Band, die nichts bierernst nahm und sich lieber dem Klamauk verschrieb. Ihr „Schrei nach Liebe“ veränderte ihr Ansehen und ihr Selbstverständnis aber über Nacht.

Älteren Rock-Fans waren Die Ärzte in ihrer frühen Phase zu albern und politisch zu unkorrekt. Als es im sächsischen Hoyerswerda zu rassistisch motivierten Ausschreitungen kam, Neonazis ein Flüchtlingsheim mit Molotow-Cocktails angriffen und eine Welle von Anschlägen in Deutschland in Gang setzten, konnten aber auch Die Ärzte „nicht mehr schweigen“. Gegen den Willen ihrer Plattenfirma setzte die 1993 reformierte beste Band der Welt durch, dass ihr „Schrei nach Liebe“ als erste Single nach ihrer Wiedervereinigung veröffentlicht wurde.

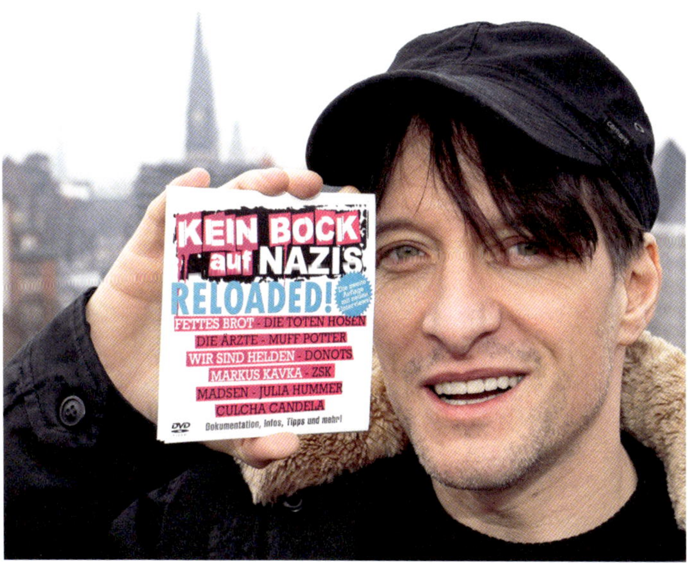

Nach Hoyerswerda wollten Die Ärzte nicht mehr schweigen.

In dem Lied unternahmen Die Ärzte den Versuch, die Gewalttätigkeiten von Neonazis sozialpsychologisch zu erklären, um am Ende alle Erklärungsmuster wieder zu verwerfen und mit Nazis Klartext zu reden: „Deine Gewalt ist nur ein stummer Schrei nach Liebe, deine Springerstiefel sehnen sich nach Zärtlichkeit. Du hast nie gelernt, dich zu artikulieren, und deine Eltern hatten niemals für dich Zeit – Arschloch!"

Damit hatten Die Ärzte „endlich" ein klares politisches Statement abgegeben, das „weit entfernt von jeder Peinlichkeit" und „eine klare Ansage gegen das rechte Pack" war (Rodrigo González). Statt Kerzen gegen die grassierende Ausländerfeindlichkeit anzuzünden und Lichterketten zu bilden, schlugen sie voller Spott die Brücke von den Neonazis zur schweigenden Mehrheit, die das Abfackeln von Asylantenheimen nicht nur klammheimlich befürwortete, sondern auch noch lautstark befeuerte: „Zwischen Störkraft und den Onkelz steht 'ne Kuschelrock-LP." Es dauerte nicht lange, da erhielten sie Morddrohungen.

Die meisten Radiosender zierten sich anfangs, den Song zu spielen, und stießen sich an dem Refrain, mit dem Die Ärzte unmissverständlich ausdrückten, was sie von Neonazis halten: „Arschloch!" So bedurfte es eines Rundbriefs der couragierten Radiomoderatorin Lidia Antonini vom Hessischen Rundfunk, in dem sie ihre KollegInnen in anderen Sendern aufforderte, „Schrei nach Liebe" ins Programm aufzunehmen. Die Single schaffte es daraufhin in die Top Ten der Charts, sorgte für ein fulminantes Comeback von Die Ärzte und war später sogar mal in der ARD-Seifenoper „Marienhof" zu hören.

Auf ihre Konzerttickets ließen Die Ärzte 1994 den Hinweis drucken, dass „Besucher, die als Nazis bekannt sind oder sich durch das Tragen von Nazi-Emblemen oder Fascho-Bands unbeliebt machen möchten", des Saales verwiesen würden und Hausverbot erhielten. Auf dem Festival „Rock am Ring" riefen sie 2007 das Publikum auf, an der Protestkundgebung gegen den G8-Gipfel in Heiligendamm teilzunehmen. Mit dem Titel „Doof" unterstrichen sie auf dem Album „Dunkel" ihren entschiedenen Antifaschismus. Und in dem Lied „Our Bass Player Hates This Song“ appellierten sie 2021 zwei Tage vor der Bundestagswahl daran, wählen zu gehen: „Und falls du dich jetzt fragst, wie man die Welt verbessern kann, wie wär’s mit wählen gehen? Dein Kreuz gegen Hakenkreuze, damit fängt es an, dem Hass zu widerstehen.“

Ihr „Schrei nach Liebe“ war da schon längst zum Evergreen geworden und auch nach mehr als 20 Jahren aktuell wie eh und je. Angesichts der Flüchtlingskrise 2015 hatte ein Lehrer in sozialen Netzwerken dazu aufgerufen, den Song an die Spitze der Hitparade zu befördern, um ein Zeichen gegen den grassierenden Fremdenhass zu setzen. Mit Erfolg: Die Aktion Arschloch katapultierte den Song auf Platz 1 der Charts und Die Ärzte spendeten alle Erlöse dem Verein Pro Asyl.

Im Jahr darauf traten Bela, Farin und Rod sogar erstmals seit Jahren wieder zusammen auf, inmitten der Nazi-Enklave Jamel in Mecklenburg-Vorpommern. Auf dem Festival „Jamel rockt den Förster“, das von einem Künstlerehepaar in ihrem Garten veranstaltet wurde, um den Nazis, die sich in dem Dorf niedergelassen haben, Paroli zu bieten, kam es zur unangekündigten Wiedervereinigung von Die Ärzte, die nur einen Song spielten: „Schrei nach Liebe“.

Mittlerweile kommt dem Song die gleiche Bedeutung zu wie Bob Dylans „Blowin‘ in the Wind“. Weshalb er auch in der Schauinsland-Reisen-Arena gespielt wurde, als das Drittliga-Spiel zwischen dem MSV Duisburg und dem VfL Osnabrück nach rassistischen Beleidigungen des VfL-Spielers Aaron Opoku im Dezember 2021 erst unter- und dann abgebrochen wurde.

Kein Wunder, dass es für Farin Urlaub noch immer ihr wichtigster Song ist: „Wir haben interessante Sachen gemacht, neue Sachen gemacht, aber ‚Schrei nach Liebe‘ ist das Lied, an dem ich alles andere von uns messe.“

Ist das noch Punkrock?

Die Frage, wer Punkrock erfunden hat, die Sex Pistols oder die Ramones, Bela B oder Farin Urlaub, konnte selbst der Rock-Akademiker Greil Marcus bislang nicht beantworten.

Im Song „Jag älskar Sverige!“ nahm Farin Urlaub für sich in Anspruch, den Punk erfunden zu haben, und behauptete, es sei in Schweden gewesen, wo er oft seine Ferien verbrachte. Historisch gesehen spricht jedoch vieles dafür, dass es Bela B war, der die Erfindung in seinem musikalischen Bekenntnis „Als ich den Punk erfand ...“ in die Steinzeit datiert: „Am Feuer saßen die Leute, und brieten ihre Beute, und wuschen sich mit Sand. Bis ich den Punk erfand!“

Ebenso wenig geklärt werden konnte bis heute, ob das noch Punkrock ist, was Die Ärzte machen. Im Lauf der Zeit haben sie sich immer wieder mit dieser Frage beschäftigt und ihre Rolle reflektiert. Im Song „Bravopunks“ bezeichneten sie sich ironisch als „Kings of Punkkommerz“ und ihre Musik als „Punkrock ohne Herz“. Weshalb sich eine Horde Punks nach einem Konzert im Bremer Schlachthof 1985 mit den „Verrätern“ eine Schneeballschlacht lieferte.

In Belas Spottgesang über die Vertreter der reinen Punk-Linie, „Ich bin ein Punk“, hieß es: „Ich trage schwarzes Leder und ich bin für Anarchie. Ich scheiße auf die Spießer, fickt euch doch ins Knie. Ich schnorre meine Kohle, hab kein Konto bei der Bank. Und Gerstensaft aus Dosen ist mein Zaubertrank.“

Differenzierter befasste er sich da schon im Song „Punk ist ...“ mit dem Thema und beschrieb die verschiedenen Fraktionen der Punk-Bewegung: die Hardcore-Punks, die unter Punk verstanden, „jeden Tag ultrabesoffen zu sein“, die Existenzialisten, denen es vorrangig um die „Verneinung von Werten und Struktur“ ging, die Poser, die großen Wert auf „coole Klamotten“ und ihren „guten Musikgeschmack“ legten und meinten, Punk sei „nur siebenundsiebzig echt gewesen", sowie die schweigende Mehrheit, für die Punk nur „Arschlecken und Rasur" war.

So manchem Punk waren Die Ärzte auch ein Dorn im Auge, weil sie Punk nie ganz ernstnahmen, sondern „lieber bis zur Schmerzgrenze provozieren" wollten, „als belanglos zu sein": „Ich will euch nicht den Spaß verderben, aber musste Sid dafür sterben?" Den Titel ihres Albums „Planet Punk" empfanden die Toten Hosen und die Böhsen Onkelz als Anmaßung. Und weil sie das Anarcho-A durch ein Anarcho-Ä ersetzt und entweiht hatten, bezichtigte man Die Ärzte gar, eine 20 Jahre alte Jugendbewegung verunglimpft zu haben. Wozu Bela B nur einfiel: „Meine Güte, war das spießig."

Dabei waren sie ihrer nonkonformistischen und radikalen Linie durchaus treugeblieben. Mit dem „Schunder-Song" ermutigten sie all jene, die bislang immer nur das Ziel von Aggressionen waren, endlich einmal zurückzuschlagen: „Gewalt erzeugt Gegengewalt, hat man dir das nicht erzählt? Oder hast du da auch – wie so oft – im Unterricht gefehlt? Jetzt liegst du vor mir, und wir sind ganz allein, und ich schlage weiter auf dich ein. Das tut gut, das musste einfach mal sein, immer mitten in die Fresse rein." Musikalisch und textlich war das klassischer Punkrock in Reinkultur.

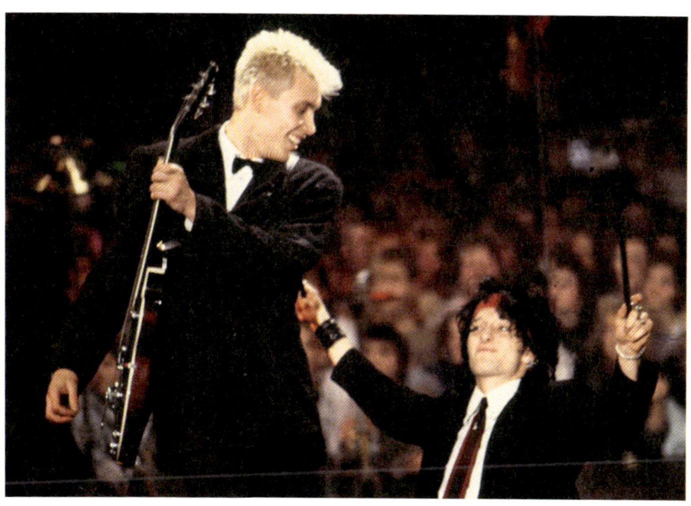

Lieber bis zur Schmerzgrenze provozieren als belanglos sein

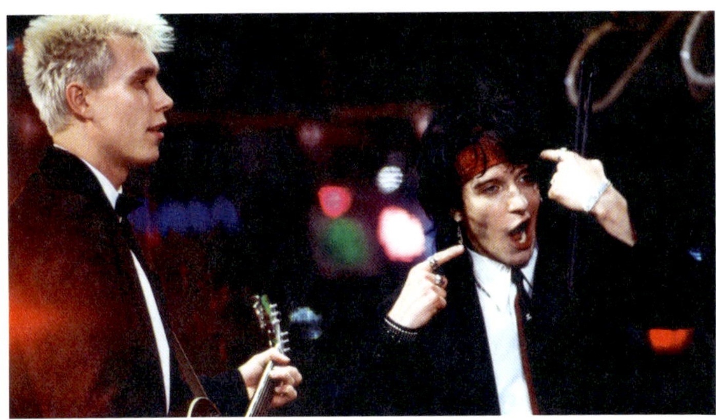

Kings of Punkkommerz – musste Sid dafür sterben?

Obwohl der Song „Wir wollen keine Bullenschweine" von Slime indiziert war und sie selbst reichlich Bekanntschaft mit der Bundesprüfstelle für jugendgefährdende Medien gemacht hatten, zitierten sie den Song am Ende ihres wohl größten Hits, „Männer sind Schweine". Mit der befreundeten Terrorgruppe lieferten sie sich das Duell „Rockgiganten vs. Strassenköter". Mit den Sex Pistols teilten sie sich ebenso die Bühne wie mit Iggy Pop. Als Vorgruppen engagierten sie Idole ihrer Jugend wie The Damned und The Stranglers. Und für die Aufnahmen seines zweiten Soloalbums „Code B" holte sich Bela B den Gitarristen Chris Spedding ins Studio, der einst mit den Vibrators den Song „Pogo Dancing" aufgenommen hatte.

Die Frage, ob das noch Punkrock ist, stellte sich in ihrer Karriere aber auch, als Manuel Andrack 2003 in der „Harald Schmidt Show" nicht nur sich als Ärzte-Fan outete, sondern auch den ehemaligen Feuilleton-Chef und US-Korrespondenten der FAZ, Patrick Bahners, der sie in zahlreichen Überschriften und Bildunterschriften zitiert hatte. Für Harald Schmidt war das „nicht nur Punk", er vermutete darin auch „versteckte Botschaften".

Bleibt nur noch die Frage, was Punk denn nun ist. Nina Hagen definierte ihn einmal so: „Punk ist, also, basically, zirka, quasi, ums auf einen Punkt zu fokussieren: Ja, ich liebe Goethe."

Kalter Krieg

Die Ärzte und Die Toten Hosen pflegten lange Zeit eine Hassliebe, die an das Verhältnis zwischen den Beatles und den Rolling Stones erinnerte und von beiden Gruppen immer wieder selbst befeuert wurde: „Die einen hatten lustige Klamotten an, die anderen waren lustig."

Die beiden Gruppen waren sich schon sehr früh über den Weg gelaufen. Als die Vorgänger-Band der Die Ärzte, Soilent Grün, am 30. April 1982 beim „Tanz in den Mai" im Berliner SO36 ihren letzten Auftritt hatte, traten dort auch Die Toten Hosen auf. Bela B war von ihnen sehr angetan, das freundschaftliche Verhältnis wurde jedoch nachhaltig getrübt, als beide Bands versuchten, einen Vertrag bei einer großen Plattenfirma zu ergattern. Der Hosen-Manager Jochen Hülder bot an, auch für Die Ärzte Klinken putzen zu gehen, von der Plattenfirma EMI wurden Die Ärzte jedoch so lange hingehalten, bis der Vertrag mit den Hosen in trockenen Tüchern war, sodass das Verhältnis zwischen beiden Bands fortan zerrüttet war.

Am 30. Dezember 1984 kam es im Ballhaus Tiergarten bei einem Konzert der Toten Hosen und der Berliner Band Frau Suurbier zu einer denkwürdigen Schlägerei. Die Ärzte standen auf der Gästeliste von Frau Suurbier, weil Bela und Sahnie mal bei der Band um Wölli, den späteren Schlagzeuger der Toten Hosen, gespielt hatten, und waren in voller Besetzung erschienen. Worüber der Hosen-Sänger Campino nicht allzu erfreut war, nicht zuletzt wohl deshalb, weil Bela zu der Zeit auch mit seiner Freundin flirtete. Um ihr Verhältnis wieder zu begradigen, suchte der „ordentlich angetrunkene" Bela Campino backstage auf, doch der ebenfalls nicht mehr nüchterne Campino schlug das Friedensangebot aus, woraufhin die Situation immer mehr eskalierte und es zu einem Handgemenge kam, das darin gipfelte, dass Bela und Campino sich unter der Dusche gegenseitig mit kaltem und kochend heißem Wasser bespritzten, anfangs noch in voller

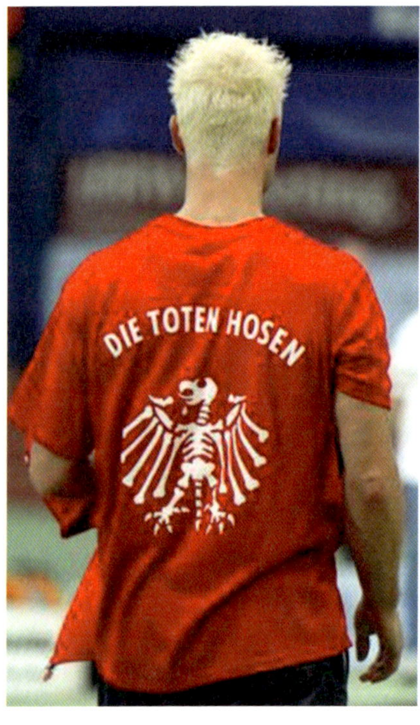

Montur, dann aber auch in halbnacktem Zustand. Als dann auch noch ein Päckchen Speed, das in Campinos Hemdtasche steckte, durchnässt wurde, brachte es den endgültig auf die Palme und der Streit wurde unter Männern vor der Tür fortgesetzt. Dummerweise war die Straße aber spiegelglatt und beide waren „megadicht“, sodass die Keilerei „sicher kein gutes Niveau“ hatte, wie Campino einräumte.

Als vermeintliche Platzhirsche fühlten sich die Toten Hosen von Die Ärzte links überholt, als die mit der BRAVO „gemeinsame Sache“ machten – um dann später selbst mit der Jugendpostille zusammenzuarbeiten, weil sie die Berichterstattung über die Hosen halbwegs kontrollieren wollten.

Obwohl sie denselben Freundeskreis hatten, herrschte lange Zeit Kalter Krieg zwischen den beiden Bands. Bei einem Benefiz-Gig für den wahren Heino, der 10.000 D-Mark Ordnungsgeld zahlen musste, nachdem der echte Heino ihn wegen Verwechslungsgefahr verklagt hatte, sprach man kein Wort miteinander.

Die Hassliebe wurde auch dann noch gepflegt, als beide Bands bereits in der Oberliga spielten, waren die Toten Hosen doch „die einzige Konkurrenz“, die es für Die Ärzte „jemals gegeben hat“ (Bela). Die Spannungen bestanden weiterhin, auch wenn Bela bemüht war, die Konflikte beizulegen: „Wir mochten die Hosen. Die haben für viele Bands Pionierarbeit geleistet, aber auch wir wurden kritischer. Aus heutiger Sicht muss man sagen, dass auch wir nicht ohne waren, wenn es darum ging, Witze über die vermeintliche Konkurrenz zu machen."

So persiflierten Die Ärzte den Hosen-Song „Eisgekühlter Bommerlunder" bei einem Konzert in der Berliner TU und Bela fand die erste Nummer-1-Single der Toten Hosen, den Song „Zehn kleine Jägermeister", „echt blöd". Allerdings gestand er auch neidlos ein, dass die Düsseldorfer in der Disziplin der Trinklieder „unerreicht" und jederzeit in der Lage seien, den Böhsen Onkelz Paroli zu bieten.

Der erklärte Antialkoholiker Farin Urlaub schrieb in den 1990ern mit „Saufen" sogar „die allerbeste Hosen-Parodie" (Bela), wollte dann aber nicht, dass die Mitgrölnummer auf dem Album „Männer sind Schweine" erschien. Vielleicht, weil sie mit dem Song „Paul" bereits ihr „Bommerlunder" veröffentlicht hatten.

Als Die Ärzte mit ihrem Dreifach-Album „Nach uns die Sintflut" das Toten-Hosen-Album „Ein kleines bisschen Horrorschau" überflügelten und auf Platz 1 der Charts notiert wurden, hat Campino das „gefuchst", weil er „nicht hinter den Ärzten stehen" wollte. Und als Die Toten Hosen den Song „Do You Love Me?" für ein KISS-Tribute-Album beisteuern sollten, intervenierte der KISS-Fan Bela B, „da sie keine Fans der Band waren", und schaffte es, dass die Hosen durch Die Ärzte ersetzt wurden. (Allerdings hatten die Hosen ihre Cover-Version bereits zurückgezogen, weil sie nur auf einigen Editionen und nicht weltweit erscheinen sollte und die Anfrage „nicht gerade von Herzen" gekommen war. Campino: „Die Ärzte passten da einfach viel besser hin als wir.")

Nachtragend waren jedoch beide Bands nicht. Als Die Ärzte sich 1989 auflösten, wettete Campino mit ihnen um 1000 D-Mark, dass sie sich trotz aller Beteuerungen irgendwann doch wieder zusammenfänden. Bevor Die Ärzte ihre Wiedervereinigung offiziell verkündeten, schickten sie ihm kommentarlos einen 1000-Mark-

Schein zur Begleichung ihrer Ehrenschulden. Statt das Geld einzusacken, zerriss Campino den Schein jedoch und schickte ihnen eine Hälfte davon zurück: „Den machen wir zusammen platt."

Die Differenzen wurden nicht von heute auf morgen beigelegt, die Wiederannäherung war vielmehr ein schleichender Prozess.

Bei ihrem Abschiedskonzert in Westerland auf Sylt spielten Die Ärzte das „Liebeslied" der Toten Hosen an. Auf ihrer „Attacke-Royal"-Tour brachten sie in einem Medley neben eigenen Songs auch „Bonnie & Clyde" von den Hosen unter. Und auf dem Hurricane Festival 2005 wandelten sie den Hosen-Hit „Walkampf" leicht ab, indem sie zwischendurch „Schinken" und „Ei" wie im Song „Eisgekühlter Bommerlunder" riefen.

Als Die Ärzte kurz nach der Jahrtausendwende im SO36 in Berlin spielten, traten die Toten Hosen unter dem Namen Essen auf Rädern im Vorprogramm auf; Die Ärzte revanchierten sich wiederum mit einem Überraschungsauftritt als Die Zuspäten im Düsseldorfer Tor 3, wo sie am Ende gemeinsam mit den Hosen auf der Bühne standen und „Do Anything You Wanna Do" von Eddie & The Hot Rods coverten. Für Bela B war das „deutsche Rock-Geschichte in einem kleinen Club, ohne Presse und Brimborium, nur mit den Fans".

Längst wurden die Tourneen beider Gruppen von Kiki Resslers kleinem Tournee Service (KKT) organisiert und so koordiniert, dass man abwechselnd auf Tournee ging. Auch Plattenveröffentlichungen erfolgten nicht mehr im selben Jahr, um sich nicht gegenseitig Konkurrenz zu machen. Und als Die Toten Hosen auf einer Bonus-CD ihres Albums „Ballast der Republik" ihren „Schrei nach Liebe" coverten, schloss sich für Bela B ein Kreis: „Die Hosen sind die Einzigen, die das Stück so spielen können, dass es nicht schlechter als unsere Version klingt."

Im Düsseldorfer ISS Dome kamen der Hosen-Gitarrist Kuddel und ihr Schlagzeuger Vom Ritchie auf die Bühne, um gemeinsam mit Die Ärzte den Song „Schrei nach Liebe" zu spielen, den Rod González wiederum 2018 bei einem Rockkonzert „gegen rechts" als Gast der Toten Hosen darbot. Im Jahr zuvor hatte Rod bereits einen Cameo-Auftritt im Video-Clip zum Hosen-Video „Wannsee" gehabt und den Song mit den Worten unterbrochen: „Ruhe hier! Scheiß Mucke!"

Damit hatte er sozusagen einen Schlussstrich unter den jahrzehntelangen Zwist der beiden erfolgreichsten deutschen Punk-Bands gezogen. Im Video zu ihrer Single „Noise" war dann auch der Hosen-Schlagzeuger Vom Ritchie kurz zu sehen, und in ihrem „Tresenkraft"-Clip trank Bela B ein Bier der Marke „Hosen Hell".

Das Aneinanderreiben mit den Toten Hosen mag manch einem mitunter zwar unnötig oder infantil vorgekommen sein, war letztlich aber auch wichtig für Die Ärzte. Oder wie Bela B es mal formuliert hat: „Du brauchst einen Konterpart, und mit den Hosen haben wir da wenigstens eine Band, mit der es sich zu konkurrieren lohnt. Unsere Hassliebe ist halt auch der Motor für vieles gewesen. Ohne die Hosen wären wir wahrscheinlich nicht da, wo wir sind."

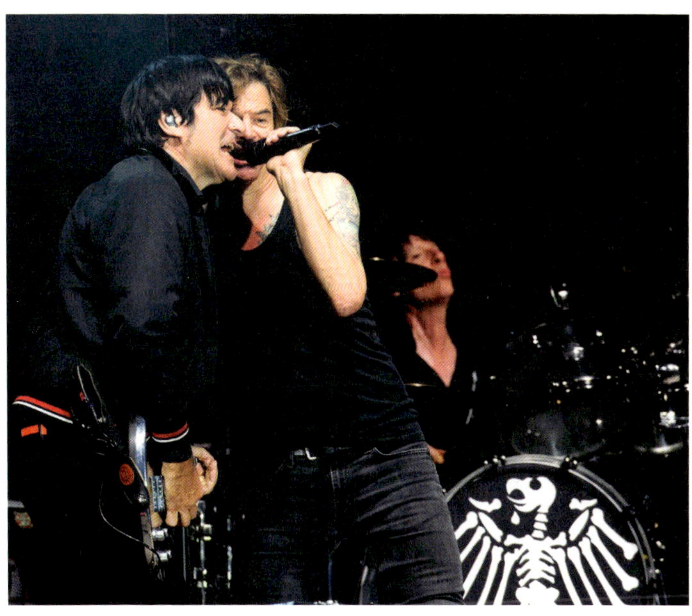

„Ruhe hier!" Rod beendete den Zwist mit den Hosen.

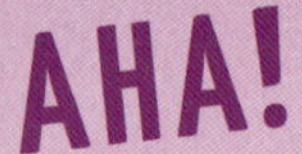

Heinz Grönemeyer kann nicht tanzen

Als Die Ärzte ihre ersten Konzerte gaben, kam ihnen das Punk-Gehabe fast schon „wie Deutschrock“ vor, weil Punk-Bands oft wie Herbert Grönemeyer mit erhobenem Zeigefinger auf der Bühne standen. Und der war in den 1980ern ihr Lieblingsfeind.

Den Computer, den ihnen ihr damaliger Co-Manager Jim Rakete für die Bearbeitung ihrer Fanpost zur Verfügung stellte, hatten sie auf den Namen Heinz Grönemeyer getauft. Sie waren wieder einmal gerade dabei, Fan-Adressen in Heinz Grönemeyer einzuspeisen, als der „Deutschrock-Wichser“, wie sie Grönemeyer öffentlich tituliert hatten, bei Jim Rakete anrief und sich mit Farin Urlaub verbinden ließ, um ihm auszurichten, dass er heute schon fünf Mal gekommen sei und vorhabe, weiterzumachen. Farin war zunächst einmal perplex, weil er Herbert Grönemeyer so viel Selbstironie gar nicht zugetraut hatte.

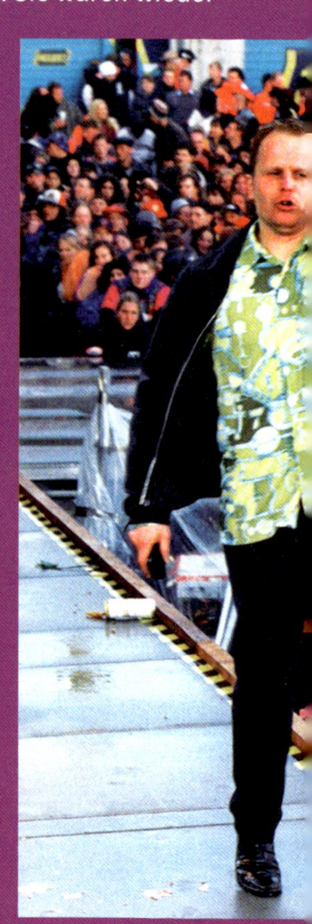

Bela B ließ sich davon jedoch nicht beirren und nahm nach der Auflösung von Die Ärzte gemeinsam mit dem Scharfdichter Wiglaf Droste die Single „Grönemeyer kann nicht tanzen“ auf. Belas Manager Conny Konzack rechnete fest damit, dass Grönemeyer versuchen würde, die Single verbieten zu lassen, und ließ sicherheitshalber auch ein Cover anfertigen, auf dem Grönemeyers Porträt durch eine Zeichnung mit einem leeren Fleck als Gesicht ersetzt und der Titel in „Herbert kann nicht tanzen“ abgeändert wurde. Doch Grönemeyer tat ihnen nicht den Gefallen, gerichtlich gegen den Schmäh-Song vorzugehen und so für Publicity zu sorgen und engagierte später ausgerechnet die frühere Ärzte-Managerin Claudia Kaloff als PR-Agentin.

Auf der Rückseite des Covers hatten Bela B und Wiglaf Droste alle Leute aufgelistet, denen sie den Song neben Herbert Grönemeyer widmeten: Ina Deter, Heinz Rudolf Kunze, Klaus Lage, Peter Maffay und Wolfgang Niedecken. Nur einer fehlte: Grönemeyers größter Konkurrent Marius Müller-Westernhagen, der Bela B daraufhin zu dem Song beglückwünschte. Dem war das allerdings höchst peinlich, hatten sie doch „einfach nur vergessen", Müller-Westernhagen ebenfalls aufzuführen.

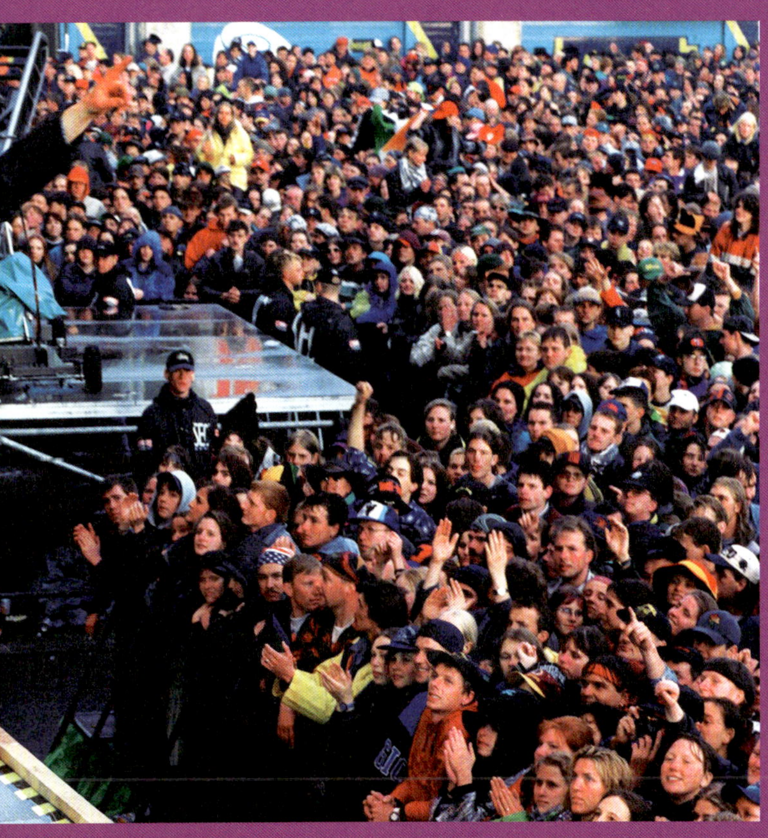

Lieblingsfeind – Herbert Grönemeyer

Rocker-Krieg

Als der Schlagersänger Heino einen Song von ihnen coverte, galten Die Ärzte plötzlich als uncool. Das Gerücht, sie wollten Heino deshalb verklagen, entbehrte allerdings jeder Grundlage.

Nachdem Farin Urlaub im Studio zum sechsten Mal den Refrain von „Junge“ aufgenommen hatte, war der Produzent Mirko Schaffer immer noch nicht zufrieden. Ihm war das zu wenig Punkrock und zu zahm, sodass Farin schließlich meinte, er gehe jetzt erst einmal in eine Disco, um sich dort den ganzen Abend laut zu unterhalten, damit seine Stimme am nächsten Morgen schön kaputt klinge: „Wenn es das dann nicht ist, kannst du mich kreuzweise.“

Gesagt, getan. Am nächsten Tag brüllte er mit heiserer Stimme einmal den Chorus, und fertig war die nächste Nummer-1-Single von Die Ärzte.

In dem Text hatte Farin Urlaub all die Sätze zusammengefügt, die er irgendwann mal aufgeschnappt oder selbst von seiner Mutter zu hören bekommen hatte: „Und wie du wieder aussiehst! Löcher in der Hose! Und ständig dieser Lärm!“ Um schließlich festzustellen, „dass sie schon von sich aus eine gewisse Rhythmik hatten“ und er nicht groß daran schrauben musste.

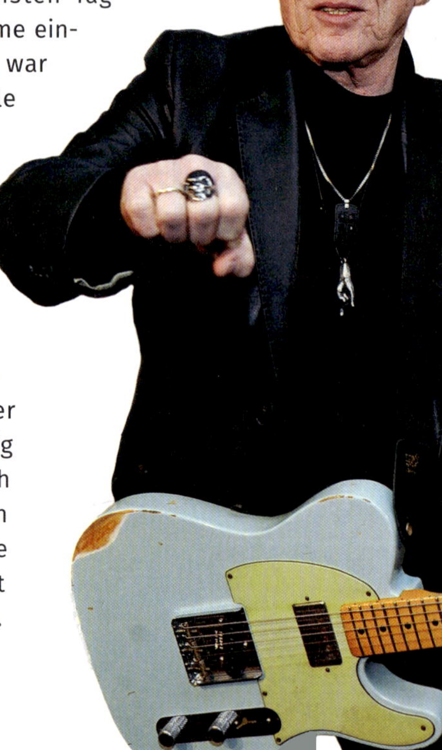

Der Erfolg von „Junge“ war auch dem Schlagersänger Heino alias Heinz Georg Kramm nicht entgangen, als er 2013 ein Album mit Cover-Versionen bekannter deutscher Rock-Songs aufnahm, das als „das verbotene Album“ vermarktet wurde. Ihm war sehr wohl bewusst, dass Die Ärzte mit dem wahren Heino, Norbert Hähnel vom Berliner Scheißladen, befreundet waren und ihn mit einem Benefiz-Auftritt unterstützt hatten, als er wegen der Verwendung des Namens Heino zu einem Ordnungsgeld in Höhe von 10.000 D-Mark verdonnert worden war. Und Heinos Manager Jan Mewes versuchte auch prompt, die Situation auszunutzen, indem er Boulevardmedien mit Fake News über einen angeblichen „Rocker-Krieg gegen Heino“ versorgte und spekulierte, dass Die Ärzte es Heino aus alter Feindschaft verbieten wollten, ihren Hit „Junge“ zu singen: „Die Ärzte drohten Heino mit einer sechsstelligen Schadensersatzklage, falls er sein bereits fertig produziertes Musik-Video ‚Junge‘ veröffentlicht.“

In sozialen Netzwerken wurden Die Ärzte daraufhin als uncoole Spaßverderber bezeichnet, und obwohl der angebliche Rocker-Krieg vom Heino-Lager von A bis Z erfunden worden war, wurde der haselnussbraune Volkssänger gar zum Heavy-Metal-Festival in Wacken eingeladen.

Die Ärzte ließen sich auf dieses leicht durchschaubare Manöver allerdings nicht ein und unternahmen – nichts. Ihre Managerin Axel Schulz stellte lediglich klar: „Solange dieser Heini den Originaltitel nicht mutwillig verändert, werde ich nichts dagegen unternehmen.“

Die beste Live-Band der Welt

Dank ihnen gibt es mittlerweile nicht mehr nur vier, sondern fünf Jahreszeiten: Frühling, Sommer, Herbst, Winter und wenn Die Ärzte auf Tour gehen.

Für Farin Urlaub gibt es nichts, „was an Sex und Crime herankommt, außer vielleicht Musik und Motorradfahren". Rock'n'Roll müsse intensive Gefühle wiedergeben und die Nerven kitzeln, „wie es ein guter Thriller oder Horrorfilm tut", postulierte Farin Urlaub 1988 im Gespräch mit der Musikjournalistin Ingeborg Schober. Weshalb Die Ärzte in ihren Konzerten versuchen würden, die guten Seiten des Lebens rüberzubringen: „Wenn's dem Publikum gut geht, haben wir eigentlich alles erreicht, was eine Band erreichen kann."

Diesem Anspruch sind sie seitdem treugeblieben, sodass ihre Konzerte oft mehr als drei Stunden dauern, weil Bela B und Farin Urlaub sich amüsante Streitgespräche auf der Bühne liefern, immer wieder vom Programm abschweifen oder spontan selten gespielte Songs anstimmen. Ihr wohl längstes Konzert gaben sie im November 1998 im Kölner E-Werk. Bei der ersten Zugabe waren Bela und Rod bereits ziemlich angetrunken. Als Bela dann „Tittenmaus" sang, erblickte er ein Mädchen auf den Schultern ihres Begleiters, das er vergebens aufforderte, ihr T-Shirt zu lüften. Das Mädchen ließ sich zwar nicht erweichen, andere weibliche Fans kamen der Bitte jedoch nach und zogen blank, woraufhin Die Ärzte versprachen, für jeden präsentierten Busen einen zusätzlichen Song zu spielen.

Auch was ihre Bühnenkostüme betrifft, ließen sie sich stets etwas einfallen. Mal kamen Bela und Farin als Hahn und Hase verkleidet auf die Bühne, sodass Rod vor lauter Lachen kaum spielen konnte. Mal traten sie in Römerkostümen auf (in der WDR-Vorabendsendung „Musik Convoy"), mal als Superhelden Fatbat und Supersizeman (bei „Rock am Ring" 2007) und mal als

Crazy Giraffe und Pinker Gorilla, Obelix und die schöne Gallierin oder Darth Bela und Kardinal (auf der Tournee 2012). Bela B: „Farin und ich als Pferd war mein Highlight, weil wir so aneinandergeklettet ja auch Gitarre und Schlagzeug spielen mussten."

Auf ihrer Tournee 2003/2004 gab es für jede einzelne Show ein eigenes Intro. In Linz konnte man im Anschluss an das Konzert einen USB-Stick in Form von Gwendoline mit dem Mitschnitt des eben erst beendeten Auftritts erwerben. Und in ihrem Vorprogramm und auf ihren „Ärztivals" ließen sie Punk-Bands wie The Damned, UK Subs, The Stranglers, The Undertones und The Hives auftreten oder deutsche Gruppen wie Fettes Brot, Kraftklub, Beatsteaks, Dÿse, Donots und Deichkind.

Mit der Verpflichtung der Village People als Vorgruppe erfüllten sie sich 2003 einen Traum. Obwohl manch einer erstaunt war, dass es den Cowboy, den Indianer, den Bauarbeiter, den Polizisten, den Rocker und den Soldaten überhaupt noch gab, und die Village People eine „extravagante" Gage verlangten, setzten deren Auftritte den Konzerten laut Farin „das Sahnehäubchen" auf. Zwar habe ihm der Indianer „eindeutig" zu verstehen gegeben, „dass er sehr gerne die Bekanntschaft meiner rektalen Regionen machen würde", die Konzerte mit den Village People waren aber „ein wahrer Höhepunkt" seines Lebens.

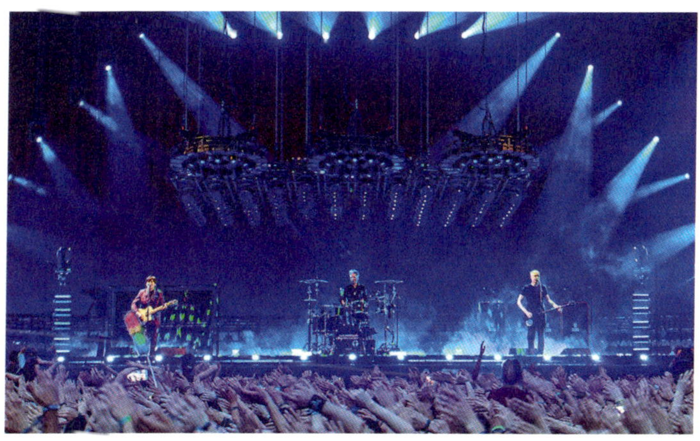

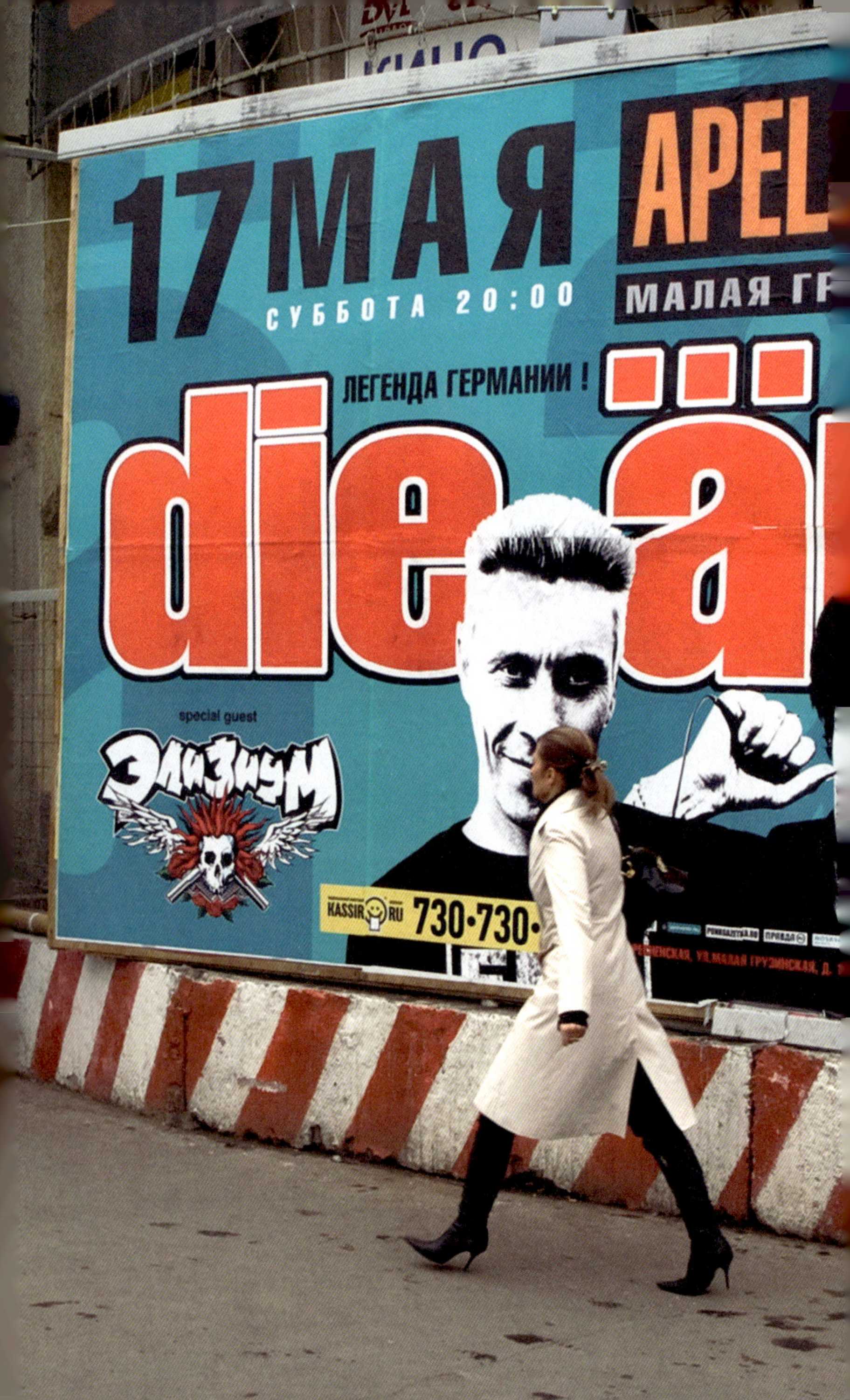

17 МАЯ
СУББОТА 20:00
ЛЕГЕНДА ГЕРМАНИИ !
die
special guest
ЭЛИЗИУМ
KASSIR.RU

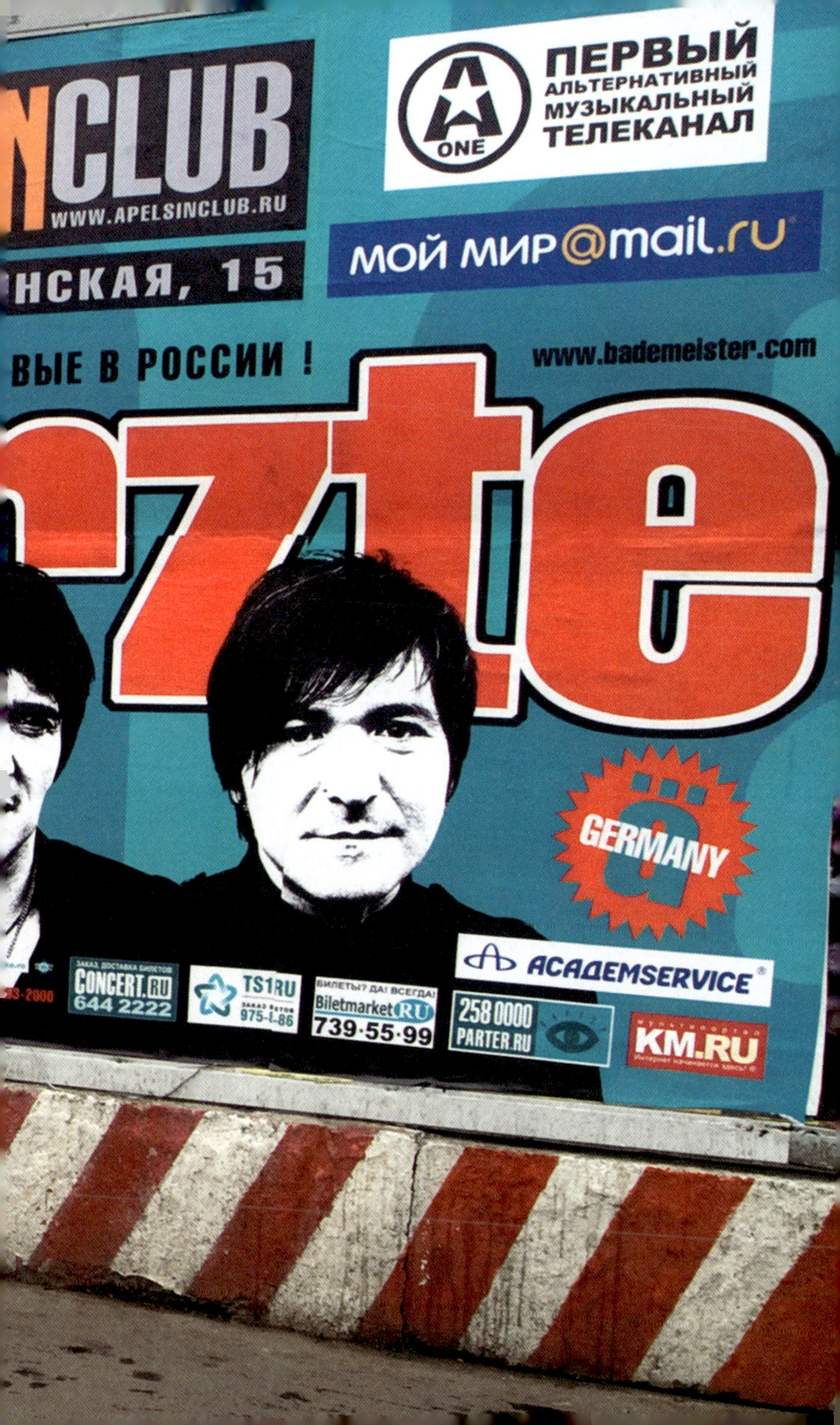

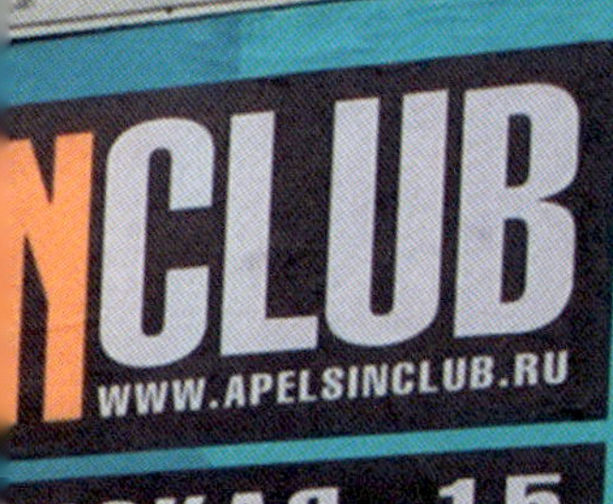
NCLUB
WWW.APELSINCLUB.RU

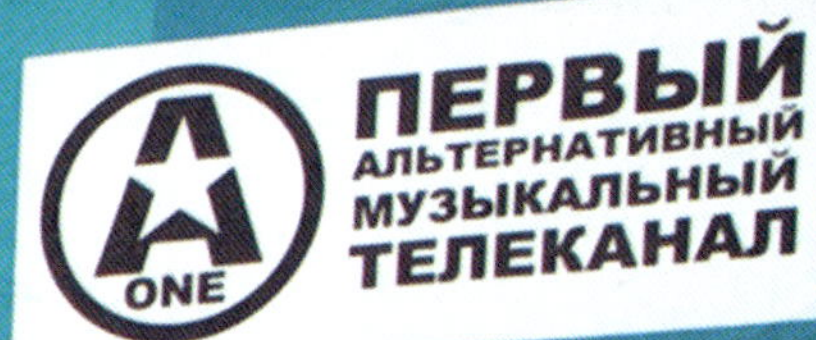
A
ONE
ПЕРВЫЙ
АЛЬТЕРНАТИВНЫЙ
МУЗЫКАЛЬНЫЙ
ТЕЛЕКАНАЛ
МОЙ МИР@mail.ru
НСКАЯ, 15
ВЫЕ В РОССИИ !
www.bademeister.com
GERMANY
ACADEMSERVICE
ЗАКАЗ, ДОСТАВКА БИЛЕТОВ
CONCERT.RU
644 2222
TS1RU
БИЛЕТЫ? ДА! ВСЕГДА!
Biletmarket.RU
739-55-99
258 0000
PARTER.RU
KM.RU

Dabei hatten sie zu der Zeit schon fast alles erlebt, wovon andere Bands nur träumen können. Bei „Jugend trainiert für Olympia“ waren sie 1985 vor 3000 jungen Sportlern aufgetreten und hatten dort auch einen Song gespielt, den sie nie für eine Platte aufnahmen – „Boris Becker“. Bereits Ende der 1980er war es zu einer wahren Ärztemania gekommen, als Mädchen reihenweise bei Konzerten ohnmächtig geworden waren wie einst bei den Beatles. Bela, ihr Mixer Chris Heckmann und ihr Caterer Ole Plogstedt waren in den 1990ern mit runtergelassenen Hosen durch ein Hotelfoyer gelaufen. In der Lobby des Münchener Maritim-Hotels hatten sie sich hinter Zimmerpalmen versteckt und mit „Spielzeug-Fasern“ wie in „Star Trek“ beschossen. Und sie hatten den Rockstar rausgelassen und wie es sich gehört sogar Hotelzimmer zerlegt.

Unter dem Namen Die Zu Späten waren sie auf „Geheimtour“ gegangen. Als angeblich italienische Punkband Nudo Tra I Cannibali (Nackt unter Kannibalen) hatten sie Gastspiele in Rottweil, Leer oder Coesfeld gegeben. Mit den Toten Hosen waren sie ebenso gemeinsam aufgetreten wie mit den Fantastischen Vier. Und 2002 hatten sie ihr 20-jähriges Bestehen (brutto) auf dem Kreuzberger Mariannenplatz gefeiert, der einst von Ton Steine

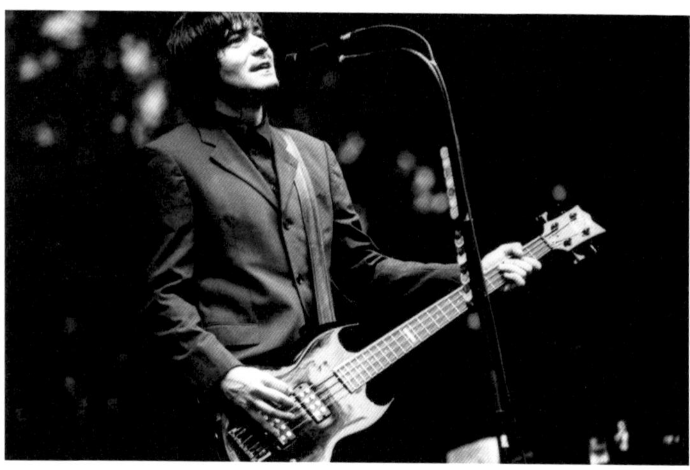

Scherben in ihrer Hausbesetzerhymne, dem „Rauch-Haus-Song“, besungen worden war: „Der Mariannenplatz war blau, so viele Bullen war’n da“.

Das Angebot, als dritte deutschsprachige Band nach den Fantastischen Vier und Herbert Grönemeyer von MTV Unplugged aufgezeichnet zu werden, hatte sie zunächst jedoch nicht „besonders umgehauen“. Nachdem sie es bereits abgelehnt hatten, machten sie es dann aber doch, weil sie, so Bela B, „Zeit hatten und es uns die Gelegenheit gab, mal was anderes zu machen“.

Weil es sie reizte, mal wieder vor einem Publikum zu spielen, das nicht ihretwegen gekommen war, traten sie 2011 sogar unter dem Namen Laternen-Joe im Vorprogramm der Berliner Band Bonaparte auf, mit der man sie überhaupt nicht in Verbindung brachte. Und in der Dortmunder Westfalenhalle gaben sie im selben Jahr unter dem Motto „Mal so richtig auf die Kacke hauen“ je ein Konzert nur für Frauen und Männer. Frauen mit angeklebten Schnurrbärten wurden bei den XX- und XY-Konzerten ebenso gnadenlos nach Hause geschickt wie Männer in Frauenkleidern. Die Ärzte studierten sogar für jedes Geschlecht ein eigenes Programm ein: Während sie in der Ladies Night viele ruhige und melancholische Balladen spielten, legten sie am Männerabend eine härtere Gangart ein, ermunterten die Jungs zur ersten offiziellen Rülps-La-Ola und ließen Bela vor fast jedem Song eine Strophe aus seinem Gassenhauer „Ficken und Bier“ vortragen. Rod war hinterher zwar enttäuscht, weil die Halle nach dem Männerkonzert „nach Furz gestunken“ hat, doch für Farin waren es wieder Die Ärzte, wie er sie liebt: „Eine völlig absurde, weitgehend sinnlose Aktion, mit enormem Aufwand und Liebe zum Detail verwirklicht.“

Ähnlich hatte Bela auch den Aufwand der Shows zu seinem ersten Solo-Album „Bingo“ begründet: „Wenn du auf Las Vegas machst, musst du auch mit weißen Tigern auf die Bühne gehen.“ Und deshalb verabschiedete sich Rod auch am Ende eines Konzertes immer mit den von Engelbert entlehnten Worten: „Remember I love you.“

Als deutschsprachiger Band waren Die Ärzte international Grenzen gesetzt, was sie jedoch nicht davon abhielt, 2004 in Chile, Argentinien und Uruguay aufzutreten, wo Bela B das Publikum mit dem Satz begrüßte: „Hallo Paraguay!“ Fans folgten ihnen sogar zum Konzert im Moskauer Apelsinclub, zu drei Shows in Japan oder zu Auftritten auf dem Budapester Sziget-Festival, wo sie 2004 vor den Sex Pistols auftraten und ziemlich gut ankamen – was deren Sänger John Lydon alias Johnny Rotten zu hämischen Kommentaren animierte.

Ein weiteres Idol ihrer Jugend trafen Die Ärzte im Rahmen ihrer „Jazzfäst“-Tournee im Konstanzer Bodenseestadion. Während The Stooges vor ihrem Auftritt alle anderen Bands in ihren Garderoben aufsuchten, um ihnen die Hände zu schütteln, verließ Iggy Pop den Backstage-Bereich jedoch nicht, weil er Probleme mit seiner Hüfte hatte (was ihn allerdings nicht davon abhielt, wie ein Berserker auf der Bühne rumzuspringen).

Konzertfotografen müssen Erklärungen unterschreiben, dass sie keine Bilder an die Springer-Presse verkaufen, von den Springer-Titeln „musikexpress“ und „Rolling Stone“ mal abgesehen. Und sie dürfen Die Ärzte auch nur bei den ersten drei Songs aus einem Graben vor der Bühne fotografieren, was mittlerweile in Konzerten üblich und bisweilen unmöglich ist, wenn Die Ärzte maskiert auf der Bühne erscheinen und die Masken erst nach dem dritten Song ablegen.

Dass konkurrierende Plattenfirmen sie auffordern würden, sich nicht mehr als „beste Live-Band der Welt“ zu bezeichnen, und von ihnen verlangten, diese „schwerwiegende Wettbewerbsverletzung“ zu unterlassen, da andere Bands durch den „irreführenden Charakter dieser Superlativwerbung“ auf die Ränge darunter verwiesen würden, kann man sich heute nicht mehr vorstellen. Denn bereits damals, 1988, hatte die Plattenfirma von Die Ärzte, die CBS, das absurde Ansinnen zurückgewiesen und die Kläger aufgefordert, doch einmal zu beweisen, dass Die Ärzte nicht die beste Live-Band der Welt seien.

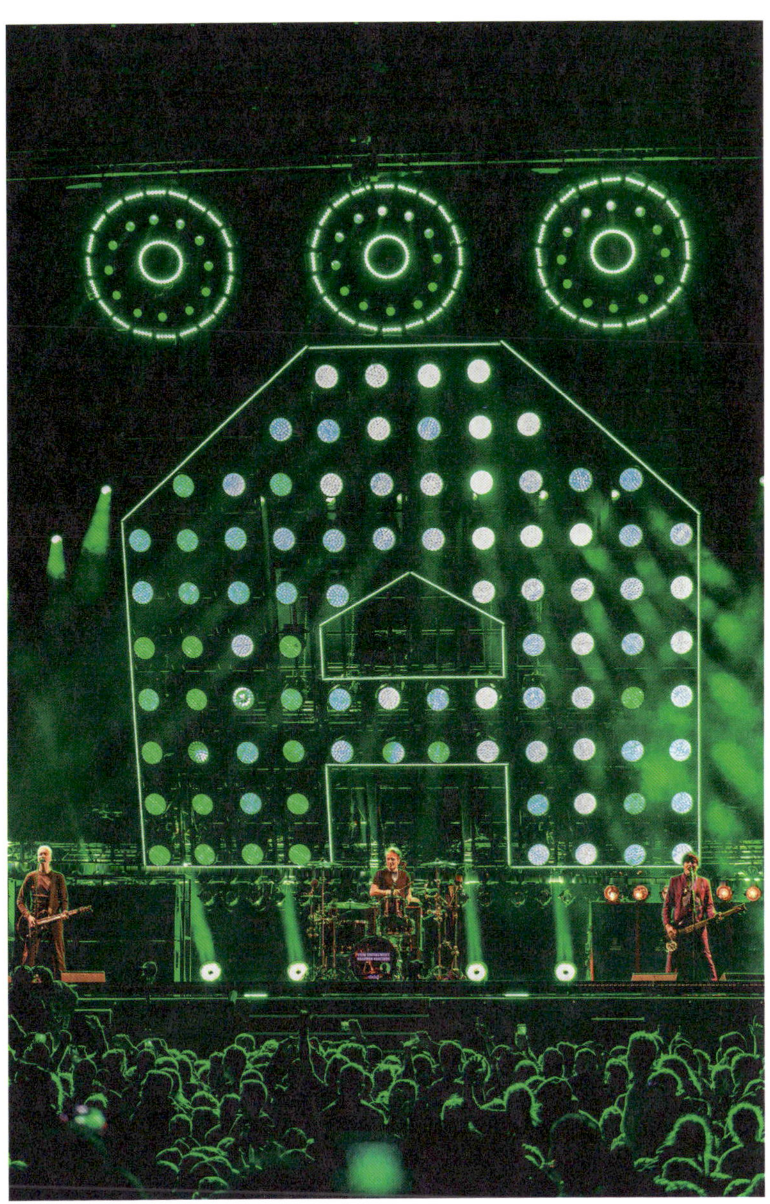

Geht doch! Die Ärzte bei Rock am Ring

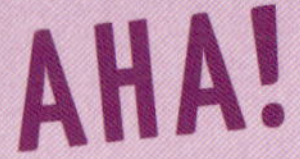

Überflügler im Freudenhaus

Die Ärzte stammen bekanntlich aus Berlin, interessierten sich aber lange nicht für Fußball. Dem FC St. Pauli verdanken sie jedoch ihre Wiedervereinigung.

Die Karrieren von Farins Projekt King Kong und Belas Band Depp Jones waren im Sande verlaufen, als Farin Urlaub gemeinsam mit Axel Schulz im Frühjahr 1993 ein Spiel des FC St. Pauli im Hamburger Millerntorstadion besuchte. Als in der Halbzeitpause „Westerland" aus den Stadionlautsprechern erklang und viele St. Pauli-Fans lauthals mitsangen, wurde Farin allerdings immer kleiner und blasser und sackte in sich zusammen, überwältigt davon, wie viel Die Ärzte den Leuten noch immer bedeuteten. Kurz darauf schrieb er Bela B einen Brief, der schließlich zur Reunion führte.

Ein zweites Mal überrascht wurden Die Ärzte von der Magie des Millerntors, als ihnen im Clubheim des FC St. Pauli Gold- und Platinschallplatten für 750.000 Verkäufe ihres Comeback-Albums überreicht wurden und Albert Slendebroek, der Chef ihrer Plattenfirma Metronome, die drei in einen separaten Raum bat. Dort warteten Paul Stanley und Gene Simmons von KISS auf sie, um ihnen persönlich eigens gestaltete Awards zu überreichen.

Zuvor hatten sie bereits ein Benefizkonzert für ein Fanmagazin des Clubs von der Reeperbahn gegeben, den Übersteiger (oder: Überflügler, wie es fälschlicherweise auf den Eintrittskarten

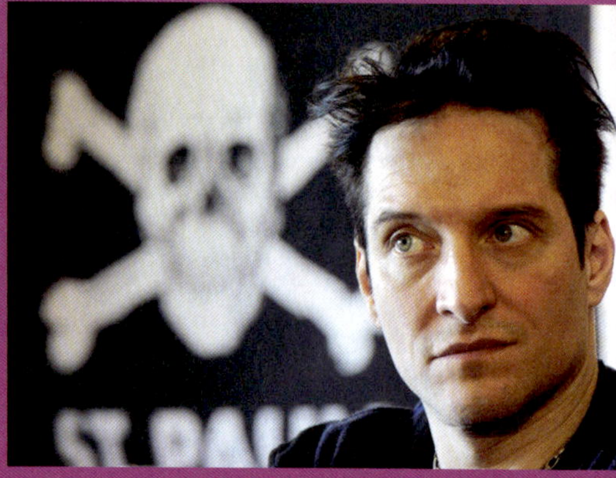

Ein Herz für St. Pauli

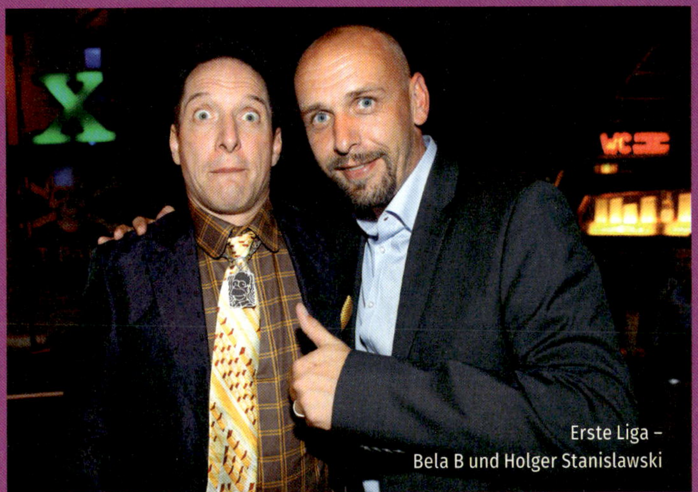

Erste Liga –
Bela B und Holger Stanislawski

hieß), und dem klammen Verein ein dringend benötigtes Toilettenhäuschen spendiert statt ihm, wie die Toten Hosen der Düsseldorfer Fortuna, einen Spieler zu kaufen.

Da hatte Bela, der 1997 von Berlin nach Hamburg zog, wo er heute noch immer lebt, schon längst sein Herz für den FC St. Pauli entdeckt, weil er mit Menschen zusammen sein möchte, „die meine Leidenschaften teilen", und seine Freunde „nicht im Millionärsclub" saßen, sondern im Freudenhaus der Bundesliga. Wozu auch die Millerntor Gallery zählt, die einmal im Jahr, jeweils im Sommer, in den Gängen unter der Haupttribüne vor allem Streetart-Künstler aus aller Welt präsentiert und von ihm kuratiert wird.

Auf seinem zweiten Soloalbum „Code B" hatte er im Herbst 2009 den Song „Schwarz / Weiß" veröffentlicht, an dem auch der damalige FCSP-Spieler Marcel Eger beteiligt war – als Schlagzeuger. Und wie sich schließlich herausstellte, hatte auch Farin Urlaub schon mal Kontakt mit einem Spieler gehabt, ohne es zu ahnen. Als er sich 1984 in Paderborn ein Paar Turnschuhe gekauft hatte, war er von dem späteren St. Pauli-Profi Martin Driller bedient worden.

Hot Action

Auch in geschäftlicher Hinsicht haben Die Ärzte das wichtigste Punk-Prinzip verwirklicht: Do it yourself!

Selbst Lautsprecherdurchsagen halfen nicht, als Die Ärzte 1984 im Kölner Elektronik-Kaufhaus Saturn ihr Album „Debil" signieren sollten. Statt der von der Plattenfirma CBS erwarteten Massen von Teenagern kam niemand zu ihrer Autogrammstunde. Nicht eine Menschenseele ließ sich blicken, sodass ihnen nichts anderes übrigblieb, als die gähnende Leere vor ihren Tischen anzustarren. Sie rissen zwar Witze über diesen „Spinal-Tap"-Moment, waren aber total frustriert. Farin Urlaub bezeichnete die in die Hose gegangene Promoaktion später mal als „das erniedrigendste Erlebnis" ihrer gesamten Laufbahn.

Auch sonst kamen sie sich im Hause CBS bisweilen wie das fünfte Rad am Wagen vor. So mancher Mitarbeiter freute sich hämisch, als ein Song nach dem anderen indiziert wurde und ihre Karriere ins Stocken brachte. Und sie selbst konnten sich mitunter nicht des Eindrucks erwehren, man habe sie dort nur ihrem einflussreichen Manager Jim Rakete zuliebe unter Vertrag genommen.

So was vergisst man nicht so schnell, und somit widerstrebte es ihnen, Klinken putzen zu gehen und die Bosse von Plattenfirmen um Verträge anzubetteln, als Bela und Farin 1993 in einem asiatischen Restaurant in Berlin-Charlottenburg ihre Wiedervereinigung beschlossen. Recht schnell erstellten sie „eine ellenlange Liste an Sachen, die sie nicht mehr machen wollten", erinnerte sich Axel Schulz, dem an jenem 19. April die Rolle des Moderators zugefallen war. „Zum Beispiel Homestories in der BRAVO oder Meet & Greets bei Saturn." Als Bela B zu fortgeschrittener Stunde erklärte, dass er nie wieder einen Manager haben wolle, bewarb Schulz sich, zum Amüsement von Bela und Farin, aus einer spontanen Eingebung heraus als Managerin – und erhielt den Job. Auf einer Stoffserviette wurde kurzerhand ein Vertrag aufgesetzt, der bis heute gültig ist. Andere Verträge zwischen Band und Managerin wurden seitdem nicht geschlossen. Schulz: „Bisher hat keiner gegen diesen Vertrag verstoßen. Er ist knallhart, knochentrocken und absolut wasserdicht."

Statt Plattenfirmen abzuklappern und ihnen Demos vorzuspielen, schalteten Die Ärzte im Branchen-Fachblatt „Musikmarkt" eine ganzseitige Anzeige: „Die Ärzte (Beste Band der Welt) suchen Plattenfirma." Woraufhin sich so gut wie jede Plattenfirma bei ihnen meldete, den Zuschlag aber die Metronome erhielt, die das beste Angebot abgegeben hatte.

Ihrer Linie blieben Die Ärzte auch sonst treu. Angebote, in der Samstagabend-Show „Wetten, dass ...?" aufzutreten, lehnten sie gleich drei Mal ab, ebenso wie Einladungen in Talkshows. Bela: „Was sollen wir da? Das ist so eine informationslose Sendung. Da wären wir doch nur die Paradiesvögel, zuständig für die Pinkelpause. Und warum sollten wir in einer Talkshow mit Heiner Geißler über die Tagespolitik diskutieren? Wir sind rhetorisch nicht so geschult wie der und außerdem sowieso anderer Meinung."

Die Möglichkeit, am „Eurovision Song Contest" teilzunehmen und so ein Publikum in ganz Europa zu erreichen, schlugen sie aus, weil das „ein Crossover von einem Humor zu einer völlig ernsten und widerlichen Szene" sei, wie Farin Urlaub im „Playboy" klarstellte, und es nur darum gehe, alten Damen eine heile Welt vorzugaukeln. Selbst in die Talkshow „Roche & Böhmermann" ging Farin nicht – weil dort geraucht wurde.

Als Coca-Cola ihre Konterfeis auf die Dosen drucken wollte und einen siebenstelligen DM-Betrag dafür anbot, winkten sie ab, weil auch das für sie eine Frage der Haltung war. Und Preise ließen sie sich ebenfalls nicht verleihen, weil Bela nicht wusste, wie er einem Fan erklären sollte, warum er sich auf der Bühne über DJ Bobo lustig mache, auf solchen Events aber gemeinsam mit ihm Champagner schlürfe. Farin stellte zudem kategorisch klar: „Ich mache nicht Musik, um mir Staubfänger verleihen zu lassen."

1988 hatte die BRAVO ihnen als „beste Gruppe des Jahres" noch einen Goldenen Otto verliehen, den sie jedoch nicht bei der offiziellen Verleihung entgegennahmen, sondern im Rahmen ihrer Party im Berliner Penguin-Club anlässlich der Verleihung einer Goldenen Schallplatte für ihr Album „Das ist nicht die ganze Wahrheit …". Nachdem Die Ärzte der BRAVO aber keine Interviews mehr gaben und keine Homestories gewährten, weil sie eine Schmutzkampagne gegen sie gestartet hatte, fing die Zeitschrift an, die Band zu verleugnen. Das ging so weit, dass in einer Auflistung der Otto-Gewinner anlässlich des 50-jährigen Bestehens der Teenie-Gazette im Jahr 1988 eine Lücke klaffte. Bela B: „Wir fanden das sehr lustig, da ich den Otto ja bei mir zu Hause habe."

Die Auflösung der Plattenfirma Metronome Ende 1997 eröffnete der Gruppe urplötzlich die Chance, ihre Platten künftig selbst zu veröffentlichen und nur noch von der Polygram vertreiben zu lassen. Ihre Managerin Axel Schulz erinnerte sich später an diesen Schritt, das Do-it-yourself-Prinzip des Punk auch praktisch umzusetzen: „Management konnte ich nicht, Plattenfirma kann ich nicht. Also lautete die Devise: Komm, lass eine Plattenfirma machen." Und Farin verteidigte die Gründung des bandeigenen Labels Hot Action Records damit, dass Plattenfirmen keine Aufbauarbeit mehr leisten würden: „Da sitzen doch die schlimmsten Buchhalter und Musikzerstörer. Wir haben kein Mitleid mit denen. Das Geld verdienen wir lieber selbst."

Das funktionierte so gut, dass Die Ärzte es sich leisten konnten, ihre Songs nicht auch via iTunes zu verkaufen, weil es in den Rahmenbedingungen von Apple ihrer Managerin zufolge einige Punkte gab, die „absolut indiskutabel" waren. Der Mega-Erfolg der Single „Lasse redn" sprach sich jedoch schnell bis nach Cupertino, Kalifornien, rum, wo man sich fragte, warum der Track nicht auch bei iTunes erhältlich war. Die Ärzte erhielten daraufhin einen unterschriftsfähigen Vertrag, so wie auch AC/DC, Radiohead und die Beatles. Was Bela B in der ihm eigenen Art kommentierte: „Igitt! Wir haben das Gleiche wie die Beatles gemacht? Is ja zum Kotzen!"

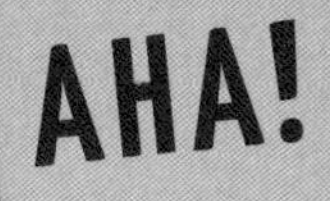

The Church of Underberg

Als Die Ärzte von ihrer Managerin überzeugt werden sollten, dass Kacke nicht mehr so stinke, wenn man Vegetarier sei, rümpfte Bela B die Nase und weigerte sich, daran zu schnuppern. Stattdessen schrieb er den Song „Ich ess' Blumen".

Farin Urlaub ist bereits seit Ende der 1980er Vegetarier, und auch Bela B ernährt sich schon seit langem vegetarisch oder vegan. Ob auch ihre Kacke seitdem besser riecht, ist allerdings nicht bekannt.

In ihrem Buch „Kochen für Rockstars" plauderten Ole Plogstedt und Jörg Raufeisen von der Roten Gourmet Fraktion (RGF), die für das Catering von Die Ärzte auf Tour engagiert worden war, 2004 aber aus, wie sich Bela, Farin und Rod in den 1990ern ernährten: „Bela B Felsenheimer isst fünf Stunden vor der Show, hinterher trinkt er nur noch Champagner oder Wodka zum Mozzarella-Tomaten-Sandwich. Dafür langen dann Farin Urlaub und Rod González kräftig zu. Farin mag am liebsten Fisch, Salzkartoffeln mit Sauerkraut, Trockentomaten, Mango-Mousse, mittelalten Gouda und Schafskäse in allen Formen, Farben und Variationen, isst aber weder Auberginen, Champignons, Zucchini noch Stinkekäse. Bela liebt es dagegen gern scharf, verschmäht aber auch Huhn, Sauerbraten und überbackenen Broccoli nicht. Und Rodrigo Gonzalez bestellt vorzugsweise Gerichte, die die beiden anderen Ärzte gerade nicht mögen: Rinderfilet mit Reis, Thunfisch mit Reis, Spiegeleier mit Reis. Hauptsache Reis. Oder Austern, am liebsten irische, dafür aber kein Geflügel, das hasst er."

Als die RGF 1993 mit den wiedervereinigten Ärzten erstmals auf Tour ging, kannten Ole und Jörg Farin noch nicht persönlich und wussten nur, dass er Vegetarier war, Auberginen und Zucchini aber hasste. Um ihn zu foppen, drapierten sie vor dem ersten Auftritt im Bielefelder Club PC69 eine Aubergine und eine Zucchini in Form eines Totenkreuzes „auf der Motorhaube seines

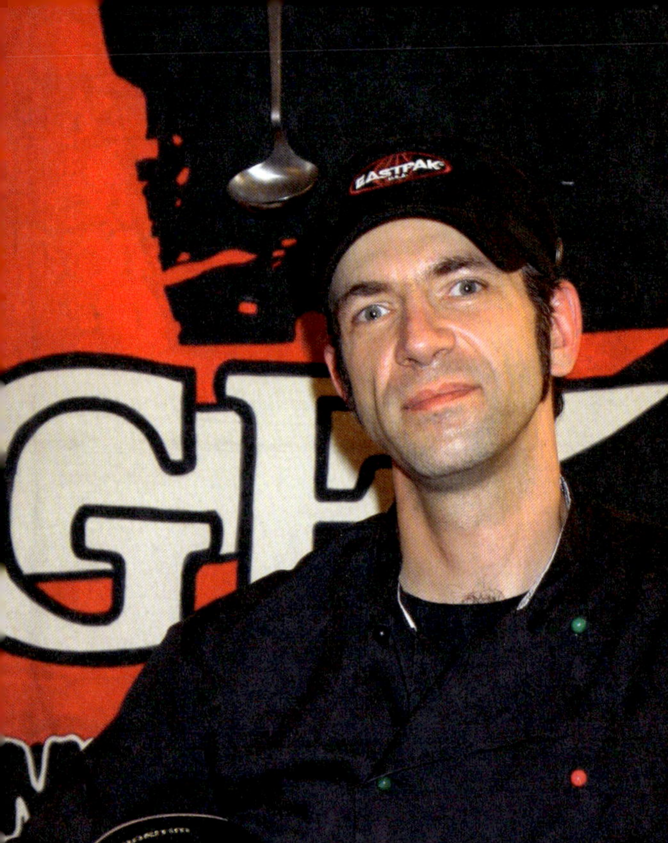
EASTPAK
RGF
RGF
Rote Gourmet

Bonzen-Daimlers". Und um ihm zu zeigen, dass sie trotzdem ganz nette Typen waren, formten sie am nächsten Tag, Farins Geburtstag, aus Sahnecreme und gelb gefärbtem Marzipan eine vierzig Zentimeter hohe Torte zu einem Ä, das mit einem Teufelchen aus Kuvertüre, der Bestie in Menschengestalt, verziert war. Der Clou dabei war eine Vorrichtung, die aus einer fünf Zentimeter langen halbierten Zucchini bestand und eine Action-Man-Puppe aus der Torte katapultierte.

Die Stimmung auf der ersten Die Ärzte-Tour seit fünf Jahren war mehr als ausgelassen und führte dazu, dass Bela, Rod, der Mixer Chris Heckmann und die RGF die Sauf-Sekte Church of Underberg gründeten. Aus den Etiketten der von ihnen kartonweise vernichteten Magenbitter bastelten sie Mitgliedsausweise, was von Fans schon bald nachgeahmt wurde, in der irrigen Hoffnung, so Zugang zum Backstage-Bereich zu erlangen. Bela ließ sogar T-Shirts für alle Sektenmitglieder anfertigen, die sich verpflichten mussten, täglich einen Underberg zu trinken, an Off-days sogar vor dem Frühstück. Solange sie auf Tour waren, ging das auch gut. Als Die Ärzte aber ihre Crew in einer Tourneepause zu einem Kurzurlaub auf Mallorca einluden, wurde aus der vitalen Church of Underberg schnell eine schlafende Religion. Wer schon mal unter der unbarmherzig brennenden Sonne Spaniens lauwarmen Underberg getrunken hat, kann sich vorstellen, warum.

Der vom Anti-Alkoholiker Farin Urlaub gegründeten Church of Vollmilch erging es übrigens auch nicht besser, sie wurde wegen Mitgliedermangel schon bald wieder aufgelöst.

Ein Schwein namens Die Ärzte

Die Ärzte sind die meist-indizierte Band der westlichen Hemisphäre. Die Unterstellung, sie würden aus kommerziellen Erwägungen schmutzige Texte schreiben, um Aufsehen zu erregen und viel Geld zu verdienen, war jedoch infam, weil sie davon gar nicht profitieren konnten.

Als ein „Fan vom Erzengel Michael", der ehemalige Schlosser Michael Brenner, 1995 als „Pornojäger vom Neckar" für Schlagzeilen sorgte und die größte Durchsuchungsaktion im deutschen Buchhandel seit 1933 auslöste, in deren Verlauf in mehr als 1200 Buchhandlungen unter anderem Comics von Walter Moers (Das kleine Arschloch) beschlagnahmt wurden, schrieben auch Die Ärzte einen Song für einen Benefiz-Soundtrack gegen Zensur. Darin riefen sie „ausnahmsweise einmal nicht" zur Gründung einer terroristischen Vereinigung auf und propagierten weder Inzest noch Sodomie, sondern beteuerten: „Wir singen nur ein Lied über Zensur."

Ihre eigenen Erfahrungen mit der Zensur anstößiger Texte und der Indizierung von Platten hatten sie da schon längst gemacht. Angefangen hatte alles im Januar 1987 damit, dass eine Mutter aus Witten sich im Januar 1987 über den Song „Geschwisterliebe" beschwerte, weil der geeignet sei, Jugendliche „sexualethisch zu desorientieren". Das Lied, begründete die Bundesprüfstelle für jugendgefährdende Schriften (BPJS) die Indizierung des Albums „Die Ärzte" und ihr Verbot, den Song live zu spielen, damit, dass darin ein inzestuöses Verhältnis „verherrlicht, verharmlost und propagiert" würde.

Die Ärzte ließen sich das nicht zweimal sagen, spielten den Song daraufhin nur noch instrumental und Farin Urlaub appellierte an das Publikum: „Macht eine Bankkaufmannslehre oder werdet drogenabhängig, aber singt nicht dieses Lied."

Die Aufforderung wurde von ihren Fans, die den Text nun an ihrer Stelle sangen, jedoch völlig missverstanden, sodass

Die Ärzte sich auch vor Gericht dafür verantworten mussten. Da half es auch nicht, dass sie im Juli 1987 eine garantiert jugendfreie Single veröffentlichten, mit einer Cover-Version des Bangles-Hits „Walk like an Egyptian“ als A- und dem Track „... liebe“ als B-Seite, für die der Gesang durch eine Orgelmelodie des Spliff-Keyboarders Reinhold Heil ersetzt wurde. Und um nicht Gefahr zu laufen, dass auch ihr Live-Album „Nach uns die Sintflut“ auf dem Index landet, legten Die Ärzte ihm eine Version von „Geschwisterliebe“, bei der das Publikum das indizierte Lied sang, unter dem Titel „Der Ritt auf dem Schmetterling“ als Single bei. Mit dem Resultat, dass der CBS-Manager Fitz Braum zu einer Geldstrafe von 3000 D-Mark verdonnert wurde, weil er den indizierten Song veröffentlicht hatte. Allein der in England ansässige TV-Sender MTV Europe musste sich nicht an die Indizierung halten und zeichnete eine Performance des Songs auf der Berliner Funkausstellung 1987 auf.

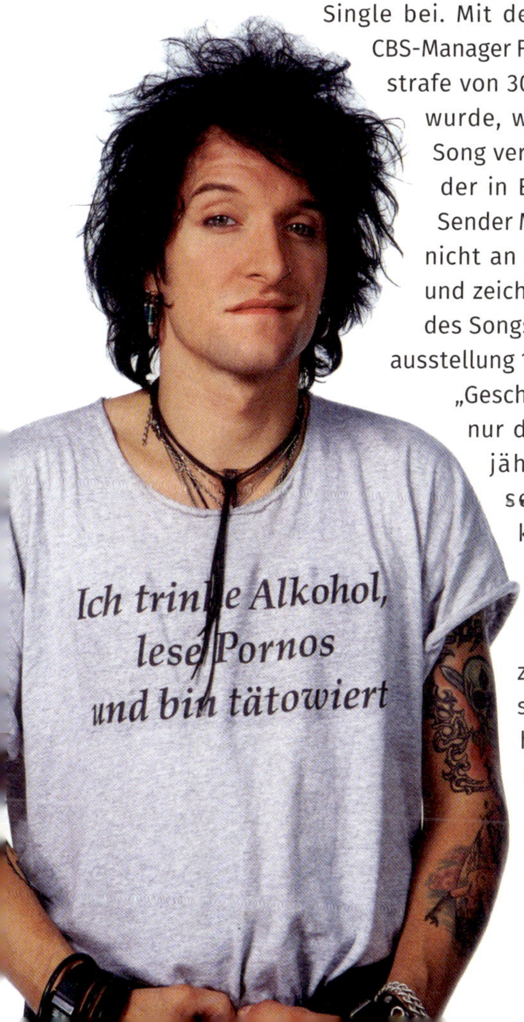

„Geschwisterliebe“ war jedoch nur der Auftakt einer langjährigen Auseinandersetzung mit der erzkonservativen Bundesprüfstelle. Ihr Lied „Claudia hat 'nen Schäferhund“ war zwar zunächst nicht beanstandet worden (weshalb der CBS-Manager Andreas Kirnberger auch keine Bedenken hatte, „Geschwisterliebe" zu veröffentlichen), doch dann wurde eine „ethisch schwer integre Mutter" (Stefan Üblacker) beim Jugendamt der Stadt Mannheim vorstellig, das glaubte, die Songs „Claudia hat 'nen Schäferhund" und „Schlaflied" könnten Jugendliche in ihrer sittlichen und seelischen Entwicklung gefährden. Die Bundesprüfstelle begründete die Indizierung des zwei Jahre alten Albums Debil schließlich damit, dass Kinder und Jugendliche durch den Song „Claudia hat 'nen Schäferhund" auf „deviante, sexuelle Aktivitäten" hingewiesen würden und dass ihr „Schlaflied" Gewalt „selbstzweckhaft" darstelle und „den Zuschauer im Zustand angespannter, latenter Aggressivität" entlasse.

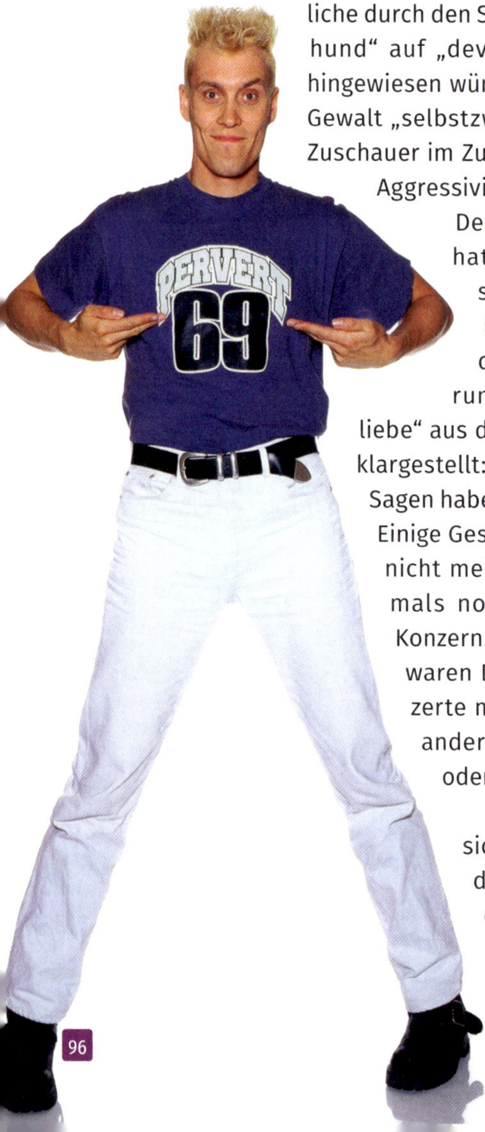

Der CBS-Chef Jochen Leuschner hatte sich zwar hinter sie gestellt, als sein Marketing-Leiter Heinz Canibol verlangt hatte, das Album wegen der Indizierung des Songs „Geschwisterliebe" aus dem Katalog zu streichen, und klargestellt: „Solange ich hier im Haus das Sagen habe, wird es keine Zensur geben." Einige Geschäfte boten die Platten aber nicht mehr an, darunter auch der damals noch übermächtige Karstadt-Konzern. Für so manchen Radiosender waren Die Ärzte plötzlich tabu. Konzerte mussten aus Jugendzentren in andere Lokalitäten verlegt werden oder wurden gleich ganz abgesagt. CSU-Politiker entrüsteten sich ebenso wie Vertreterinnen der Grünen. Und Frauengruppen empfanden ihre Tourneeplakate, auf denen die gefesselte

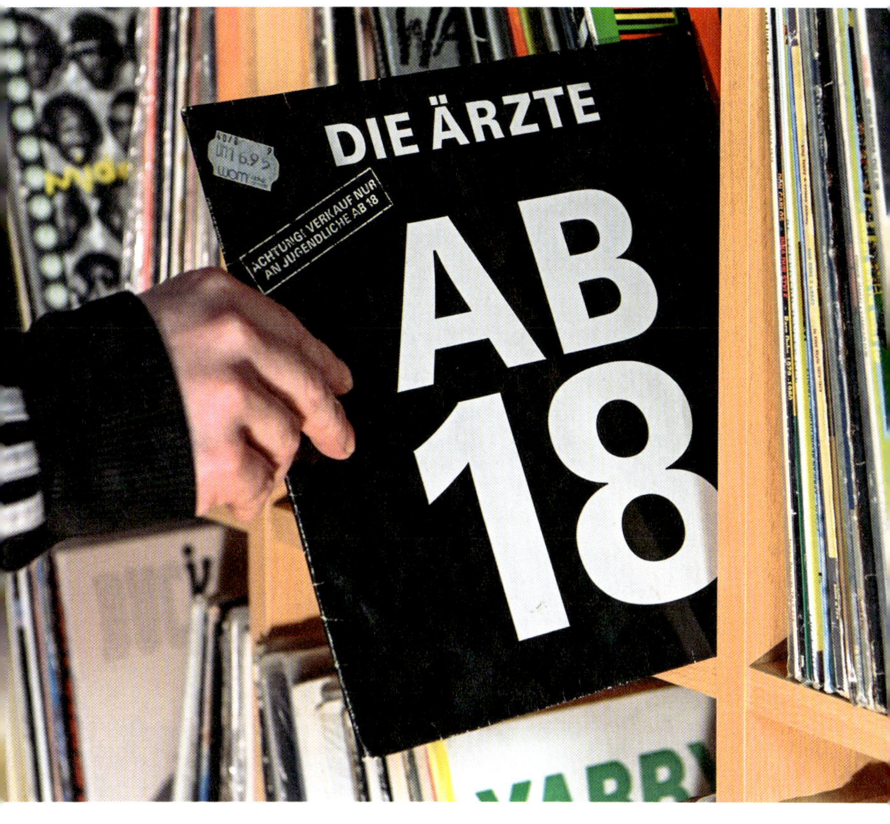

und geknebelte Comicfigur Gwendoline zu sehen war, als „zutiefst frauenverachtend“. (Die Eintragung Gwendoline ins Markenregister wurde übrigens Jahre später abgelehnt, weil man die Zeichnung für einen Verstoß gegen die öffentliche Ordnung und die guten Sitten hielt.)

Statt klein beizugeben, gossen Die Ärzte noch mehr Öl ins Feuer und versammelten ihre indizierten und schmuddeligen Songs auf einem Album mit dem programmatischen Titel „Ab 18“, das auf dem Höhepunkt der öffentlichen Hysterie erschien, aber vom Independent-Vertrieb EFA und nicht von der CBS vertrieben wurde. Natürlich wurde auch dieses Album postwendend indiziert und durfte nur noch unter dem Ladentisch verkauft werden. Die Bückware verkaufte sich jedoch 100.000 Mal und Jello Biafra von den Dead Kennedys wollte sie sogar auf seinem Label Alternative Tentacles in den USA veröffentlichen. Im Gegensatz zu EFA erhielt Biafra von der CBS jedoch keine Freigabe, weil man nicht auch noch international Aufsehen erregen wollte.

„Schwanz ab!“-Rufe von Frauenrechtlerinnen hatten sie Ende der 1980er noch gekontert, indem sie in ihrem Song „Schwanz ab“ forderten: „Runter mit dem Männlichkeitswahn!“ Und mit ihrem bis heute wohl größten Hit „Ein Schwein namens Männer“ besänftigten sie schließlich auch die Gemüter ehemals empörter Feministinnen. Dass ihr Album „Debil“ nach mehr als 17 Jahren von der Bundesprüfstelle nicht länger als jugendgefährdend eingestuft und vom Index wieder abgesetzt wurde, überraschte Die Ärzte jedoch so sehr, dass sie es 2005 unter dem Titel „Devil“ wiederveröffentlichten.

So ganz jugendfrei waren Die Ärzte aber auch künftig nicht. Die FSK verweigerte die Freigabe ihres Zombie-Videos zu ihrem Hit „Junge“, weil es für Jugendliche nicht geeignet sei. Woraufhin Bela, Farin und Rod sich vom Zeichner Schwarwel mit gezeichneten Kopfbedeckungen verzieren ließen – Mickey-Maus-Ohren, Biene-Maja-Fühlern und einem Wikingerhelm. Besonders blutrünstige Szenen wurden mit Hinweisen versehen: „Diese Szene würde ich meinen Kindern auch nicht zeigen!“ oder „Unterhaltung muss familienfreundlicher werden“.

Größte Niederlage

Erlaubt war, was ihnen Spaß machte. Die Ärzte baten Mädchen auf die Bühne, um zum Song „Sweet Gwendoline" zu strippen. Farin Urlaub erhielt zu Weihnachten einen Kalender mit Hairy Women. Und Bela B wurde sogar mal zum Sexobjekt.

Mit dem Vorwurf, frauenfeindlich zu sein, waren Die Ärzte erstmals konfrontiert worden, als Bela B die „Tittenmaus" besang. Eine mit Farin Urlaub befreundete Domina hatte ihn zum Song „Bitte bitte" inspiriert, in dem er Sado-Masochismus und Fetisch-Sex thematisierte. Für einen Video-Clip zu ihrer Single „Bitte bitte" engagierten sie den Porno-Star Teresa Orlowski, die einst in Polen als Fleischbeschauerin gearbeitet hatte. Und nach ihrer Wiedervereinigung wurden sie live stets mit einem BH-Hagel begrüßt, was Bela B im Mai 1998 in Wien zu der Bemerkung veranlasste, sie hätten ja gehofft, „dass auch ein paar Implantate auf die Bühne fliegen".

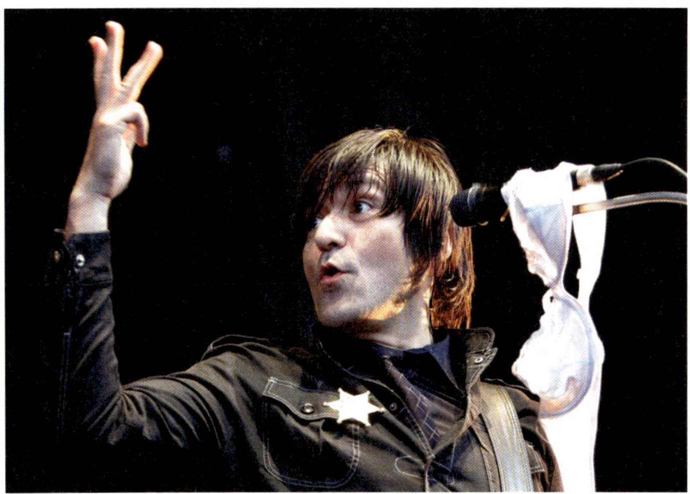

Rod beim Wäscheaufhängen

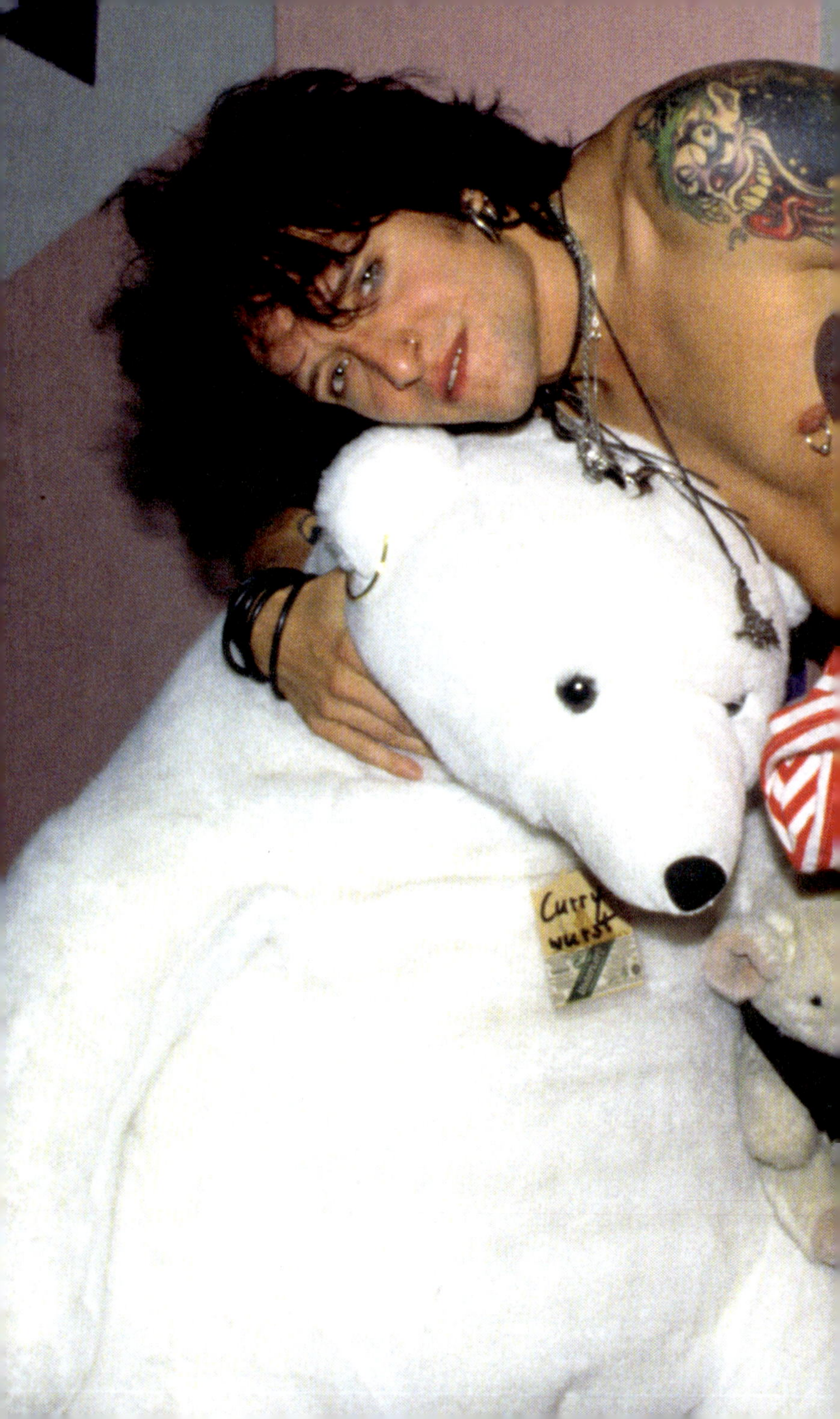
Curry
wurst

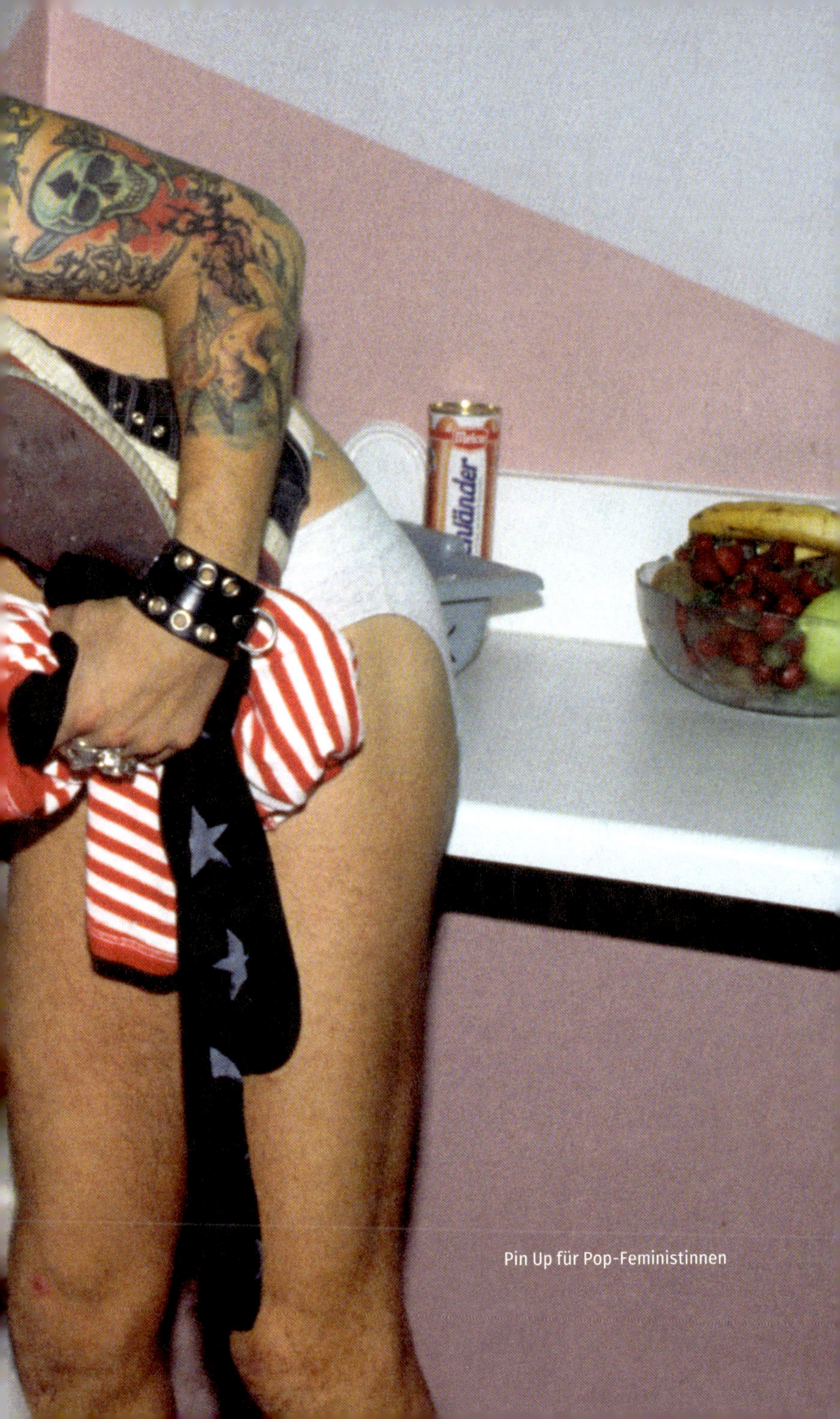

Pin Up für Pop-Feministinnen

Ursprünglich wollten Die Ärzte die Slips, die weibliche Fans ihnen zugeworfen hatten, nach Japan exportieren, weil benutzte Schlüpfer von Schulmädchen dort das Objekt vieler Begierden sind. Doch dann ließen sie daraus einen fünf Meter hohen und acht Meter breiten Vorhang knüpfen, der eine Zeit lang ihre Bühne dekorierte.

Bereits 1987 hatten sich Die Ärzte aufblasbare Sexpuppen besorgt, die mit Gas befüllt wurden und beim Song „Sweet Gwendoline" in die Höhe schweben sollten. Weil deren Köpfe aus Hartgummi sich bei ihrem ersten Einsatz als zu schwer erwiesen um aufzusteigen, verzichteten sie auf diesen Gag aber schnell wieder.

Auf den Eintrittskarten ihrer „Attacke Royal"-Tournee bildeten sie wiederum Nacktfotos von sich so ab, dass die primären Geschlechtsmerkmale von Bela B und Farin beim Einlass abgerissen wurden. Und für das Lifestyle-Magazin „max" ließen sich die beiden unbekleidet für eine Titelgeschichte ablichten. Am Kiosk fiel das allerdings nicht groß auf, weil die Hefte von vielen Zeitschriftenhändlern zwischen Erotikmagazinen versteckt wurden.

Als er schon nicht mehr damit gerechnet hatte, wurde Bela B aber doch noch zum feuchten Traum einer Pop-Feministin. Nachdem Kersty und Sandra Grether 2021 „Ich brauche eine Genie" veröffentlicht hatten, ein Songbook mit Texten deutscher Punk-Musikerinnen, bat der Tagesspiegel sie, einen Fragenbogen auszufüllen. Darin gab Kersty Grether als ihre größte Niederlage an, nie mit Bela B geschlafen zu haben.

Eigentlich wollten Die Ärzte die Slips ja
nach Japan exportieren ...

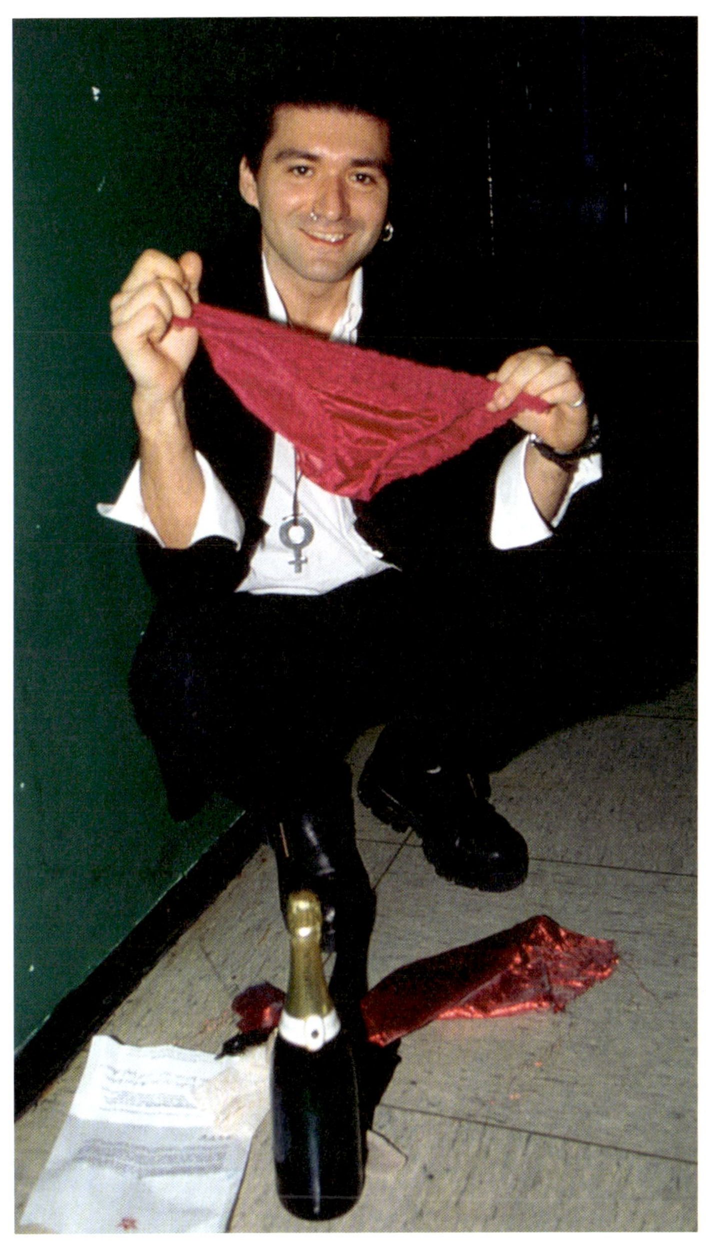

AHA!

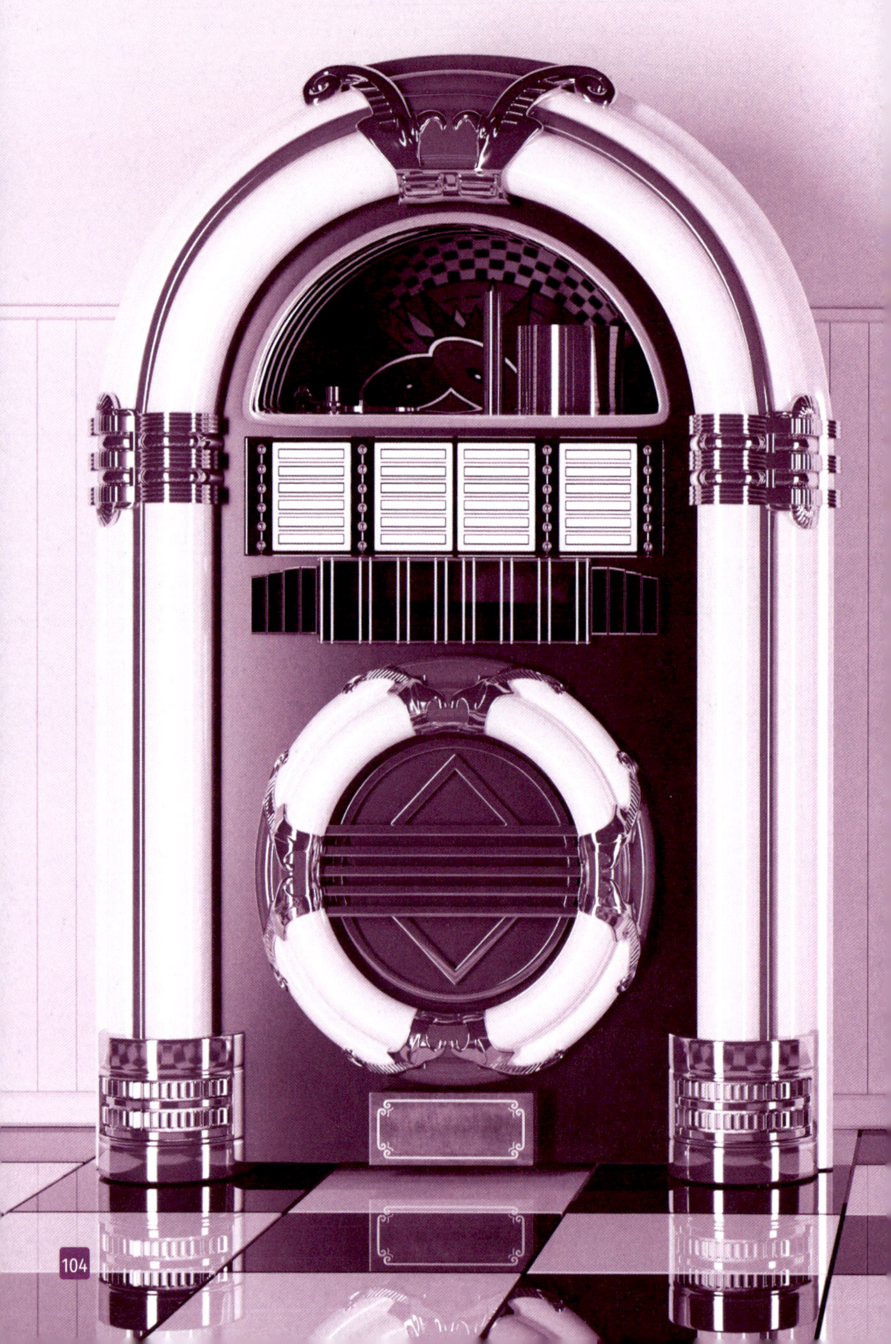

Radio brennt

Mit den Hits und Lieblingsliedern, die Die Ärzte in ihrer 40-jährigen Karriere live und auf Tonträgern gecovert, zitiert oder durch den Kakao gezogen haben, könnte man glatt eine ganze Musicbox füllen.

Nicht immer wollten sie mit einer Cover-Version ihre Anerkennung ausdrücken oder einer Band Tribut zollen. Oft spielten sie auch Songs nach, um sich darüber lustig zu machen, ihre Fans zu überraschen und Kritiker zu verstören. Dabei sind sie vor nichts und niemandem zurückgeschreckt, weder als Die Ärzte noch als Die Ulkigen Pulkigen, bei Gastauftritten, solo, mit ihren zwischenzeitlichen Bands Depp Jones und King Kong oder dem Kurzzeitprojekt S.U.M.P.

Die Musicbox von Die Ärzte

4 Non Blondes *What's Up*
AC/DC *Whole Lotta Rosie*
All *She's My Ex (Depp Jones)*

The Bangles *Walk Like an Egyptian*
The Beatles *Help! (Die Ulkigen Pulkigen)*
Boney M. *Rivers of Babylon*
Brutal Glöckel Terror *Tittenfetischisten*
The Buttocks *BGS; I Hate Hitler*

City *Am Fenster*
Richard Clayderman *Ballade pour Adeline*
The Cretins *Samen im Darm*

The Damned *New Rose*
Taylor Dayne *Tell It to My Heart*
Nino de Angelo *Jenseits von Eden*
Dire Straits *Sultans of Swing*
Bob Dylan *Blowin' In The Wind*

Eddie & The Hot Rods *Do Anything You Wanna Do*
Ede & die Zimmermänner *So froh*
Electronicas *Dance Little Bird (Ententanz)*
Europe *The Final Countdown (S.U.M.P.)*

Fatboy Slim *The Rockafeller Skank*
Fehlfarben *All That Heaven Allows*
The Flamin' Groovies *Shake Some Action (Depp Jones)*

Gunter Gabriel *Hey Boss, ich brauch mehr Geld*
Rex Gildo *Speedy Gonzales*
Gitte *Ich will 'nen Cowboy als Mann*
Golden Earring *Radar Love*
Die Goldenen Zitronen *Doris ist in der Gang*
Grandmaster Flash *White Lines Don't Do It (Depp Jones)*
Grauzone *Eisbär*

Hank the Knife & The Jets *Stan the Gunman*
David Hasselhoff *Looking for Freedom*

Billy Idol *Dancing with Myself*

Jean-Michel Jarre *Oxygene No. 1*
Juli *Geile Zeit*

Kaoma *Lambada*
Die Kassierer *Meister aller Fotzen*
KISS *Unholy (Unheilig); Sure Know Something; Do You Love Me? (S.U.M.P.); I'll Fight Hell to Hold You (Rod González)*
George Kranz *Din Daa Daa (Trommeltanz)*

Madonna *Like a Prayer (Depp Jones)*
Tony Marshall *Heute hau'n wir auf die Pauke*
Die Mimmi's *Deutscher Meister wird der SVW*
Kylie Minogue *I Should Be So Lucky*
Misfits *Skulls (Gebt mir eure Schädel; Bela B)*
Motörhead *Ace of Spades (S.U.M.P.; Depp Jones)*

Nena *Nur geträumt*
New Model Army *51st State*

Pankow *Gut' Nacht*
Pink Floyd *Another Brick in the Wall*
Iggy Pop *Candy (Killer Barbies feat. Bela B)*
Prince *Purple Rain*

Rainbirds *Blueprint*
Ramones *I Wanna Live*
Rotzkotz *Kein Problem*

Sade *Smooth Operator*

Rocko Schamoni *Ich will Liebe*
Slime *Polizei-SA-SS; Wir wollen keine Bullenschweine*
Social Distortion *Cold Feelings (Depp Jones)*
Soilent Grün *FDJ Punx; Spitz wie Lumpi; Erwin*
Chris Spedding *Pogo Dancing (PVC)*
SpizzEnergi *Where's Captain Kirk?*
Stiff Little Fingers *Doesn't Make It Alright*
Donna Summer *I Feel Love*

Terrorgruppe *Namen vergessen; Rumhängen*
Die Toten Hosen *Liebeslied; Eisgekühlter Bommerlunder; Walkampf; Bonnie & Clyde; Opel Gang (S.U.M.P.)*

Vater Abraham *Das Lied der Schlümpfe*
Volkslieder *Ein Jäger aus Kurpfalz; Im Frühtau zu Berge; Oh, du schöner Westerwald*

Wire *12XU (Lest die Prawda)*

Neil Young *Hey Hey My My (Depp Jones)*

Gheorge Zamfir *Dolannes Melodie*
Frank Zappa *Stick It Out; What's the Ugliest Part of Your Body*
Zeltinger Band *Müngersdorfer Stadion*

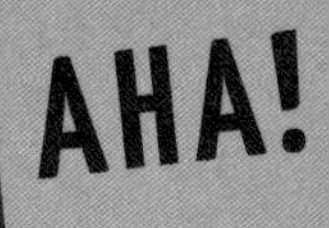

Cover Versions

Die Ärzte selbst wurden ebenfalls oft gecovert, von der Terrorgruppe wie von den Toten Hosen. Auf dem Oldenburger Opernball sorgten 2019 Mitglieder des Ensembles jedoch für einen kleinen Eklat, als sie „Schrei nach Liebe" sangen und dem biederen Publikum, das sich gerne auf solchen Events sehen lässt, sonst aber nie in die Oper geht, den Refrain entgegenschmetterten: „Arschloch!"

Dagegen, dass auch die rechtslastige Tiroler Band Frei.Wild den Song für ihr Album „Unsere Lieblingslieder" aufnahm und der Verschwörungstheoretiker und Querdenker Xavier Naidoo sowie der haselnussbraune Volkssänger Heino ihren Hit „Junge" coverten, konnten Die Ärzte jedoch nichts unternehmen, da dies nach deutschem Recht erlaubt ist, solange der Text nicht verändert wird.

Remixe

Um mit ihrem Song „Rock'n'Roll-Übermensch" in den Dance-Charts notiert zu werden, gaben Die Ärzte ihn 2001 auch für Remixe frei. Mit Erfolg: der Remix der DJs Blank & Jones wurde tatsächlich in Discos aufgelegt und eroberte die Dance-Charts.

Cover-Bands

Nicht nur Die Toten Ärzte und Alex im Westerland, die Songs beider Gruppen nachspielen, covern Die Ärzte, sondern auch Unterhaltungskapellen wie Die Erztä, Die Kassenpatienten, Die Unglaublichen Ravellos, Li Friseur oder Gwendoline.

Bela goes to Hollywood

Die Hauptrolle im Kinofilm „Richy Guitar" erhielt einst zwar Farin Urlaub. Für Bela B war die Schauspielerei aber stets ein zweites Standbein.

Spätestens seit Bela B mit seinem Jugendfreund Jörg Buttgereit, der später als Regisseur experimenteller Horrorfilme Filmgeschichte schrieb, Kurzfilme gedreht und unter dem Namen Die Muschibärs auf dessen „JB Film-Sampler" die Übergänge musikalisch untermalt hatte, steht er immer mal wieder vor der Kamera. Zwei parodistische Super-8-Filme, „Das unglaublich verrückte Schlüsselbund" und „Horst, the human insect", in denen er gemeinsam mit Farin zu sehen war, galten lange Zeit als verschollen, wurden aber schließlich doch auf auf der DVD „Overkiller" veröffentlicht.. Zu sehen ist er aber in Mika Kaurismäkis

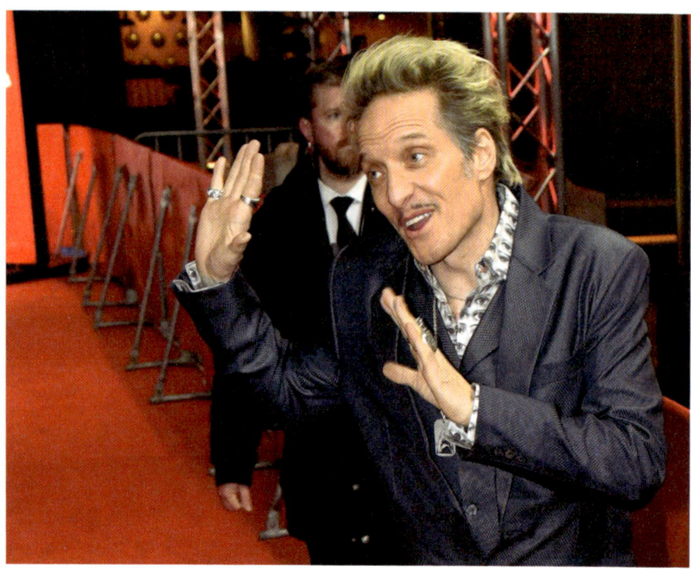

Bleibt immer schön auf dem (roten) Teppich – Bela B

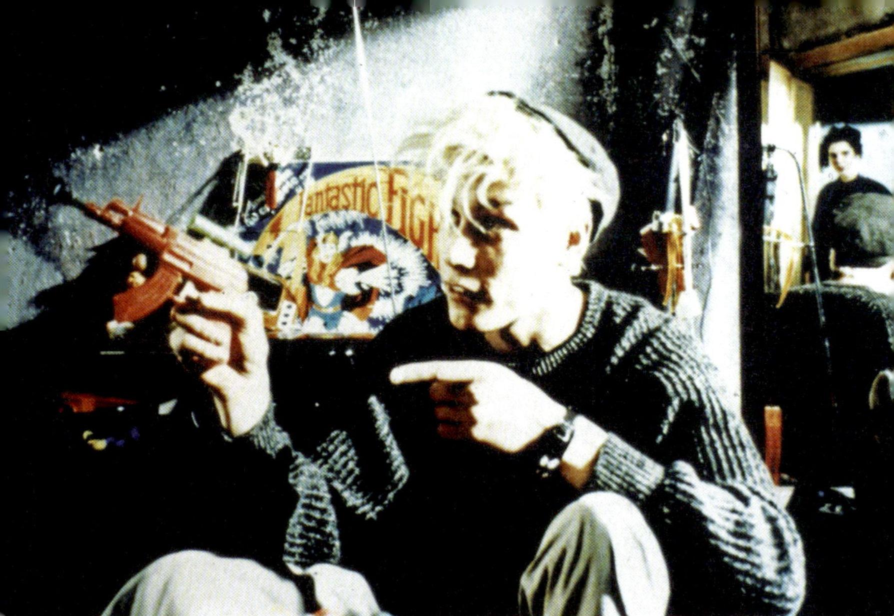

Farin Urlaub in „Richy Guitar“

„Honey Baby“ an der Seite von Helmut Berger. In Jess Francos B-Movie „Killer Barbys vs. Dracula“ spielte er den Urenkel von Dracula, und in einem „Tatort“ einen Techno-DJ. Für die Vergangenheitsaufbereitung „Edelweißpiraten“, in der er einen KZ-Flüchtling mimte, ließ er sich eine Glatze rasieren. Mit Roman Polanskis Ehefrau Emmanuelle Seigner nahm er für sein zweites Soloalbum „Code B“ das Duett „Liebe und Benzin“ auf und drehte einen Videoclip dazu. Und nachdem er seinen Lieblingsregisseur, Quentin Tarantino, für die Tageszeitung „Welt“ interviewt hatte, engagierte der ihn für einen Cameo-Auftritt als Platzanweiser in seinem kontrafaktischen Kriegsfilm „Inglourious Basterds“. Zuletzt spielte er in der Serie „M – Eine Stadt sucht einen Mörder“ einen verwirrten Künstler.

Dabei hatte es zunächst so ausgesehen, als würde Farin Urlaub neben seiner musikalischen auch eine cineastische Laufbahn einschlagen. Als Anfang der 1980er Jahre Mitwirkende für den Film „Die Heartbreakers“ gesucht wurden, ging auch er zu einem Casting, doch die Schlange der Bewerber war so lang, dass er gleich wieder auf dem Absatz kehrtmachte. Erst als der

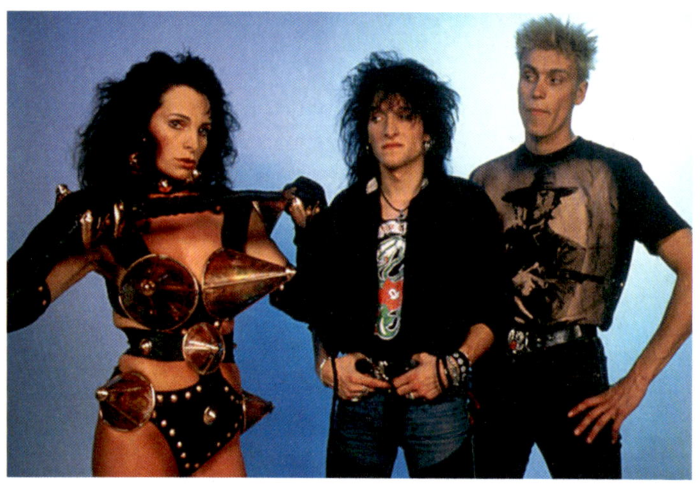

Regisseur Michael Laux auch einen Film über eine Band drehen wollte, die davon träumt, Karriere zu machen, und für „Richy Guitar" Die Ärzte verpflichtete, drehte Farin durch, weil er dafür als Hauptdarsteller eine Gage von 15.000 Mark erhielt: „So viel Geld hatte ich noch nie auf einem Haufen gesehen, geschweige denn besessen."

Inspiriert von der Donald-Duck-Übersetzerin Erika Fuchs, die Farins „Liebe für sprachliche Detailgenauigkeit" entfachte, schrieben Farin und Bela das Drehbuch in ihrem Sinne um und strichen fast alle sozialkritischen Passagen zugunsten einer authentischeren Ausdrucksweise.

Nena hatte darin mit ihrer Band einen kurzen Gastauftritt, Ingrid van Bergen war nach Verbüßung einer Haftstrafe wegen Totschlags erstmals wieder auf der Leinwand zu sehen und der Film wurde an Originalschauplätzen wie der Avus, den Yorckbrücken oder dem Plattenladen City Music am Ku'damm gedreht und ist somit ein Zeitdokument der frühen 1980er Jahre. Trotzdem ging er unter, weil der Plot letztlich ein Aufguss von „Die Heartbreakers" war. Weshalb Farin seine Kinokarriere anschließend wieder an den Nagel hängte und sich auf Video-Clips beschränkte.

Ist das Trash oder kann das weg?

Durch seinen Vater lernte Bela B die Asterix- und Tom Berry-Comics kennen, die sein Leben ebenso prägten wie der Sindbad-Film (den er im zarten Alter von fünf Jahren heimlich im Fernsehen sah), Bela Lugosi als Dracula oder das japanische Kino-Monster Godzilla.

Aus seiner Vorliebe für Comics machte Bela B nie ein Geheimnis. Zur Premiere des Films „Richy Guitar" erschien er mit einer Hulk-Maske. Und 1996 gründete er gemeinsam mit dem Leipziger Zeichner Schwarwel den Comic-Verlag EEE (Extrem Erfolgreich Enterprises), der 2001 Schwarwels „Geschichten aus der Die Ärzte #1: Angriff der Fett-Teenager" veröffentlichte, aber auch Comics von Glenn Danzigs Verlag Verotik, den Bela noch aus der Zeit kannte, als er mit Depp Jones im Vorprogramm von Danzig aufgetreten war.

In letzter Zeit machte Bela B sich aber auch als Vorleser einen Namen. Gemeinsam mit Thomas D von den Fantastischen Vier las er Goethes „Faust vs. Mephisto" als Hörbuch ein, mit Catherine Flemming Leopold von Sacher Masochs „Venus im Pelz" und mit Katharina Thalbach und Joachim Król Tomi Ungerers „Die drei Räuber". Und solo „Die drei ??? und der tanzende Teufel", Peter Guralnicks Elvis-Biografie „Last Train to Memphis", John Nivens Abrechnung mit der Musikindus-

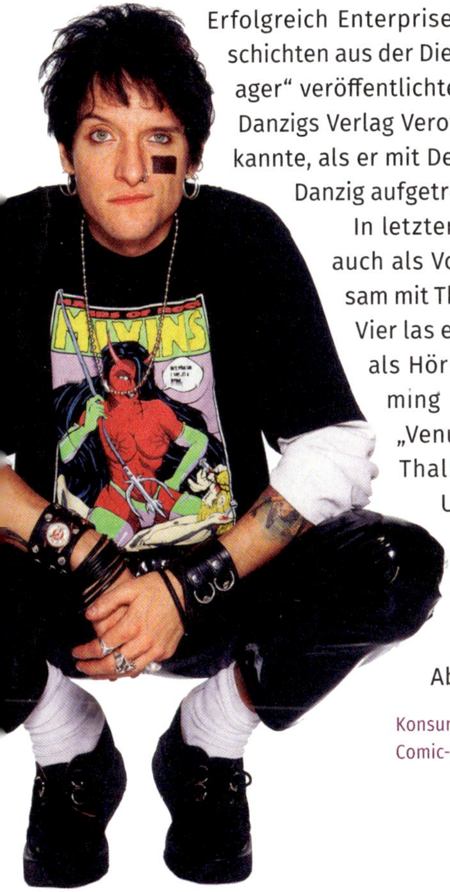

Konsument und Verleger – Comic-Fan Bela B

trie, „Kill your Friends“, oder das Handbuch von KLF, wie man ein Popstar wird.

Er selbst wollte ursprünglich ein paar Kurzgeschichten veröffentlichen, ließ sich von einer Lektorin dann aber überreden, sie zu einem Roman zu verschmelzen, der in einem Dorf nördlich von Berlin spielt, in dem scheinbar der Hund begraben ist. Der ZDF-Kultursendung „aspekte“ zufolge ist „Scharnow“ eine „ganz eigene Art von Literatur“. Die Handlung verläuft zwar etwas unübersichtlich, mit seinem Debütroman hat Bela aber gezeigt, dass auch er sehr sprachgewandt ist. Oder anders gesagt: „Worte haben Kraft.“

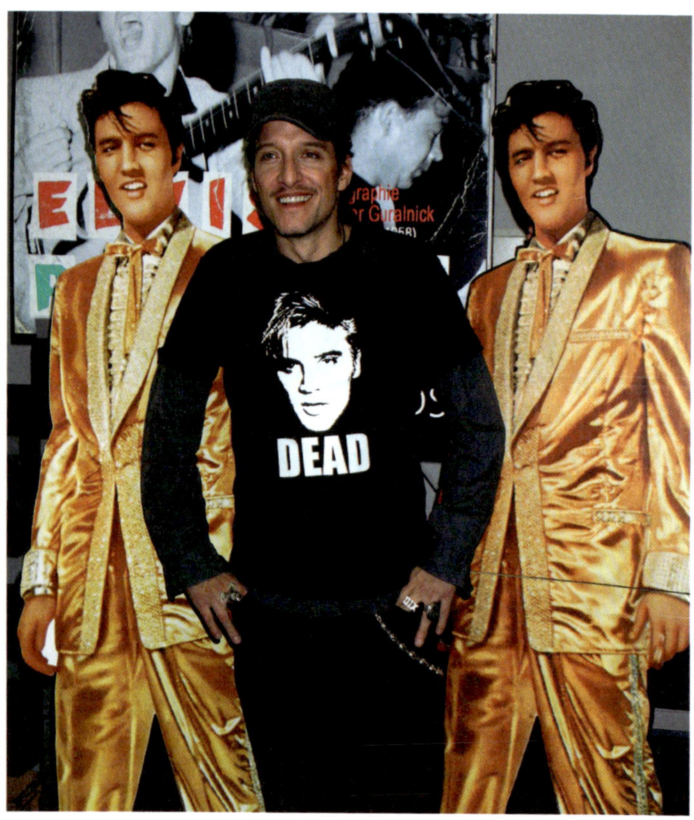

Gefragter Vorleser: Bela B

Das Quiz für echte Die Ärzte-Experten

1. Wo haben Dirk Felsenheimer und Jan Vetter sich kennengelernt?

a) Im Ballhaus Spandau, als sie beim Pogo mit den Köpfen zusammenstießen
b) Beim Pinkeln im Ballhaus Spandau
c) Bei einer Disco im Ballhaus Spandau

2. Mit wem war Farin Urlaub mal privat liiert?

a) Mit der Heidekönigin Jenny Elvers
b) Mit der Weinkönigin Julia Klöckner
c) Mit der Porno-Queen Teresa Orlowski

3. Welche Band hat eine ihrer Tourneen nicht Voodoo Lounge genannt?

a) Rolling Stones
b) Phillip Boa & the Voodooclub
c) Die Ärzte

4. Wie hieß Bela Bs erster Song?

a) Stulle mit Jagdwurst
b) Der Mann, den sie Stulle nannten
c) Die Stulle in Menschengestalt

5. Bei einem Autounfall erlitt Bela B schwere Brandverletzungen. Welches Tattoo wurde dabei verbrannt?

a) KISS
b) Depp Jones
c) Diddl-Maus

6. Welcher altgediente Musiker erhielt ein fürstliches Honorar, weil er auf einem Tonträger von Die Ärzte einen Satz sprach?

a) Johnny Cash
b) Gunter Gabriel
c) Lee Hazlewood

7. In welcher Bigband spielte Rod González zu Beginn seiner Karriere?

a) Yamaha Big Band unter der Leitung von Peter Herbolzheimer
b) James Last
c) Lehrer-Bigband

8. Was zerstörte Rod González versehentlich, als er zum ersten Mal Farin Urlaub zu Hause besuchte?

a) den Rasen vor seinem Haus
b) seine Sammlung von Murano-Glas-Figurinen
c) eine Ingo-Maurer-Lampe

9. Welche Sprache beherrscht Farin Urlaub (leidlich) neben Deutsch und Englisch?

a) Aramäisch
b) Mandarin
c) Limburgisch-Ripuarisch

10. Wie heißt das Maskottchen von Die Ärzte?

a) Schnecki
b) Schnipp-Schnapp-Schnappi
c) Schnippo-Schranke

11. Was bestellte Simon Le Bon von Duran Duran im Online-Shop von Die Ärzte?

a) Sahnies Tacker
b) einen Porsche
c) von Bela und Farin benutzte Schweißbänder

12. Was hat Bela B mit dem Scorpions-Sänger Klaus Meine, dem Extrabreit-Gitarristen Stefan Kleinkrieg und R.P.S. Lanrue von Ton Steine Scherben gemeinsam?

a) sie sind gelernte Schaufensterdekorateure
b) sie haben in einem Song gepfiffen
c) sie wurden mal von der Polizei verhaftet

13. Welchen Song hörte Bela B bei seinem „ersten Mal“?

a) „Heute hau’n wir auf die Pauke“ von Tony Marshall
b) „Stairway to Heaven“ von Led Zeppelin
c) „Wild in the Streets” von Chris Spedding

14. In welchem Hamburger Park hing Rod in seiner Jugend mit wem ab?

a) in Planten un Blomen mit der chilenischen Folk-Gruppe Inti-Illimani
b) im Schanzenpark mit dem späteren Hamburger Kultursenator Carsten Brosda
c) im Langenhorner Kiwittsmoorpark mit Musikern von Slime

15. Mit wem kletterte Farin Urlaub heimlich über die Mauer am Brandenburger Tor und spazierte durch Ostberlin?

a) mit David Hasselhoff
b) mit Freunden
c) mit Campino

16. Unter welchem Namen wirkte Rod an Belas Mini-LP S.U.M.P. mit?

a) Feelmachine
b) Sexmachine
c) Birrmaschine

17. Was schenkten Bela und Farin Rod zu dessen 29. Geburtstag?

a) einen Bass in Form seines Geburtslandes Chile
b) einen eigenen Fan-Club
c) ein Deodorant

18. Warum hielt sich Sahnie, der erste Bassist von Die Ärzte, für unersetzlich?

a) weil er einen gelben VW-Bus hatte
b) weil er die meisten Songs schrieb
c) weil die Band sein Gesicht benötigte

19. Für welches Printprodukt ließ Bela sich nackt ablichten?

a) Pinthouse
b) Penthouse
c) Punkhouse

20. Für welchen Berliner Fußballverein nahm Hagen Liebing eine Benefiz-Single auf?

a) Hertha BSC
b) Tennis Borussia
c) Tasmania Berlin

21. Wer war die erste Managerin von Die Ärzte?

a) Claudia Kaloff
b) Jim Rakete
c) Axel Schulz

22. Unter welchem Titel erschien der Song „Ekelpack“ von Die Ulkigen Pulkigen angeblich auf dem Sampler Pesthauch des Dschungels?

a) „Ich hab Nena die Achseln rasiert“
b) „Ich hab gesehen, wie Herbert Grönemeyer onaniert“
c) „Ich hab Udo Lindenberg die Beine amputiert“

23. Warum unterlegten Die Ärzte den Song „B.S.L." mit den Geräuschen eines Staubsaugers?

a) weil sie einen Werbevertrag mit Vorwerk abgeschlossen hatten
b) weil er ihnen zu clean klang
c) weil Iggy Pop, Nena, Elton John und Phil Collins staubsaugen, wenn sie sich entspannen wollen

24. Wofür stehen die drei Punkte auf dem Ä von Die Ärzte?

a) damit erweisen Die Ärzte Trio(s) ihren Respekt
b) sie erinnern daran, dass sie bislang drei Bassisten hatten
c) für Bela, Farin und Rod

25. Wer war nie ein Fan von Die Ärzte?

a) die ehemalige Bundeskanzlerin Angela Merkel (CDU)
b) die Ministerpräsidentin von Meck-Pomm, Manuela Schwesig
c) der SPD-Vorsitzende Lars Klingbeil

26. Wo wurde Dirk Albert Felsenheimer geboren?

a) in Langley
b) in Spandau
c) in Woodstock

27. In welcher TV-Sendung waren Die Ärzte der erste Musikgast überhaupt?

a) Wetten, dass ...?
b) Tagesthemen
c) Wissen macht ä

28. Wen haben Die Ärzte 2009 in Montreux getroffen?

a) Ritchie Blackmore (Deep Purple)
b) Frank Zappa (Mothers of Invention)
c) Roman Polański (Rosemary's Baby)

29. Welcher Spieler des FC St. Pauli war auch auf Bela Bs zweitem Solo-Album zu hören?

a) Marcel Eger
b) Martin Driller
c) Holger Stanislawski

30. Welcher Kritiker hätte das Album „Im Schatten der Ärzte" am liebsten verboten?

a) Marcel Reich-Ranicki
b) Mathias Döpfner
c) Hollow Skai

Quiz-Lösungen

1 c)	11 b)	21 a)
2 a)	12 a)	22 c)
3 b)	13 b)	23 b)
4 a)	14 c)	24 c)
5 b)	15 b)	25 a)
6 b)	16 a)	26 c)
7 c)	17 b)	27 b)
8 a)	18 c)	28 c)
9 b)	19 a)	29 a)
10 a)	20 b)	30 c)

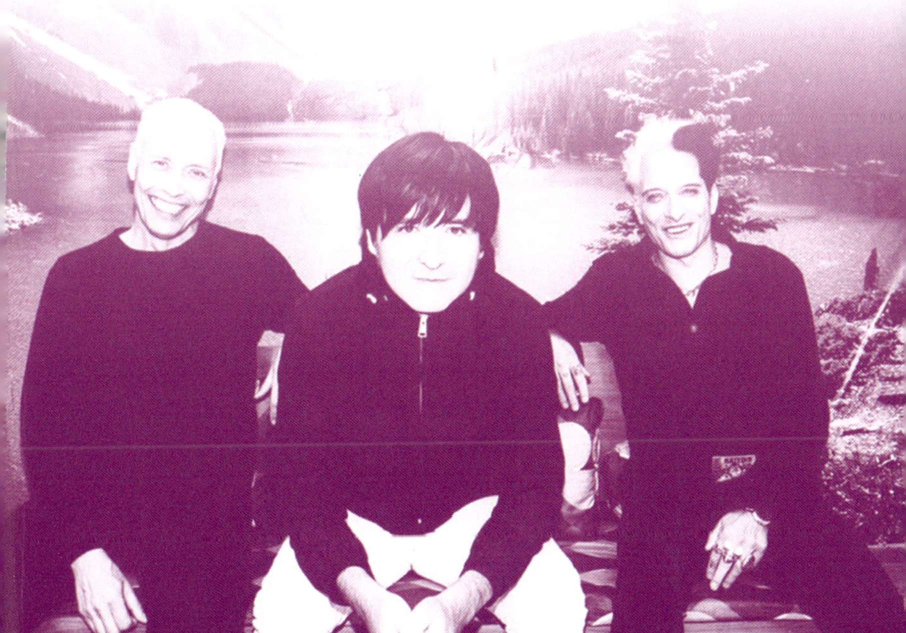

Zitate

„Egal, was du später mal machst, mach' bitte nichts mit Musik."

Herr Klöck, Jan Vetters Musiklehrer

„Wir waren geschlechtsreif, bevor es Aids gab, wurden Rockstars, bevor die Casting-Shows kamen, und waren erfolgreich, als eine Plattensammlung noch als Statussymbol galt. Jippieh!"

Bela B

„Wir haben uns immer gefragt, worauf haben wir Lust, und nicht, was könnte erfolgreich sein. Wir haben uns aber nie dagegen gewehrt, erfolgreich zu sein."

Farin Urlaub

„Selbstironie sollte generell im Leben eine große Rolle spielen."

Rodrigo González

„Für einen doofen Gag nahmen wir schon immer gerne Kollateralschäden in Kauf."

Farin Urlaub

„Die Ärzte sind echtes deutsches Kulturgut."

Kalle Schwensen

„Erst wenn der letzte Pogo getanzt, die letzte Mark geschlaucht, der letzte Nippel gepierct ist, werdet ihr feststellen, dass man Techno nicht essen kann."

Weissagung der Die Ärzte

„Wir haben zum Glück immer noch Feinde, sonst wäre es auch unerträglich."

Farin Urlaub

„Es ist ja nicht nur so, dass sich alle auf Die Ärzte einigen können. Wir können uns auch selbst auf uns einigen."

Bela B

„Nie wieder Krieg, nie mehr Las Vegas!"

Die Ärzte